本书适合于从事各类管理工作的领导者和管理者阅读，对于各类企业管理人员、经商管理者、各职能部门的管理人员，以及从事其他领导和管理工作的读者具有十分重要的借鉴意义。

识人 用人 管人

邢一麟 编著

中国华侨出版社
北京

从细微处考察你的下属，知人善用才能成就大业。

不同职位需要不同个性的人，员工的位置安排得当，才能发挥最大工作效率。

庸才得到重用，企业会被拖垮，最终导致失败。

任人唯贤，以公平、公正的原则选择人才，拒绝任用庸才。

不要忽视害群之马的破坏力，
及时把他们从你的团队中剔除。

前言

领导是一门艺术,更是一门学问。治大国若烹小鲜,管理一个企业、一个职能部门尤是如此。当今世界,经济全球化趋势日益深化,科技进步日新月异,人才资源已经成为最重要的战略资源,而管理者管理企业或职能部门的实质其实就是对人才的管理。

识人是用人的基础,要有技巧。识人乃观察人心的实用之学,它通过灵活运用各种技巧和方法来读懂一个人的言行举止,以达到知人善任的目的。用人必先识人,知人方能善任。人才是根本,宏伟的事业离不开人才的建设。领导者和管理者只有学会了客观、公正、全面地了解他人,才能辨其长短、察其优劣,挑选到最优秀的员工和下属,才能在同业竞争中占据有利地位,并最终成为胜者。

用人是识人的目的,要讲方法。用人是一门微妙的艺术,其关键在于抓住人性的优点,摸透人性的弱点,长短并用,方圆互补,从而发挥人才的最大效能。君子用人如器,各取所长。在企业经营或组织管理中无论做出何种决策,都需要人来执行。这就决定领导者和管理者必须要会善用人才,为岗位找到最合适的人才。领导者和管理者在用人时应用全面的、历史的和发展的眼光看待人才，根据其各自的性情特质、潜在能力，让人才各就其位、各得其所。

管人是用人的手段，要重谋略。管人重在掌控人心，即通过灵活运用各种策略，调动员工和下属的积极性和主动性，使他们创造出更多的价值和利益，促进企业或职能部门的进步和发展。市场的竞争、职能部门之间的竞争是动态的，管理必须应需而变。领导者和管理者应对其下的人员进行全面的了解，合理掌控，适当引导，对待不同类型的员工和下属采取不同的管理谋略。一个团队要想实现组织目标，就必须有一套严格的规章制度，因为它是实现组织目标的有力保证。

杰出的领导者和管理者，应善于识人、长于用人、精于管人。本书是一本集知识性、实用性和科学性为一体的经典管理智慧书，书中借鉴和吸收了现代企业和职能部门中许多管理学方面的实践经验，同时参考了西方一些先进的管理学理论，从实际出发，与时俱进地从不同方面对识人、用人、管人这三大艺术的一般规律和知识，以及实际的操作方法和应该注意的问题做了深入浅出的分析，力图帮助现代领导者和管理者掌握最切合实际的人力管理方法。

本书适合于从事各类管理工作的领导者和管理者阅读，对于各类企业管理人员、经商管理者、各职能部门的管理人员，以及从事其他领导和管理工作的读者具有十分重要的借鉴意义。

目录

识人篇 选准人

第一章 识人，应当有自己的战术和策略

不同职位需要不同个性　　　　2
优秀的人才会说话　　　　　　4
不以个人好恶为标准　　　　　6
选才要透过现象看本质　　　　9
留意发现潜在的人才　　　　　11

第二章 同等条件下，优先选用聪明人

任人唯亲不如任人唯贤　　　　13
创业期招聘需要大智慧　　　　16
用职位留下最能干的人　　　　18
组织能力很重要　　　　　　　19

第三章 区别"解决小问题"和"解决大问题"的人才

以价值创造能力来评价人才　　　　22
精英人才是发动机　　　　　　　　26
优秀人才都经得起折腾　　　　　　28
品质隐藏在小事当中　　　　　　　30
培养中层管理者有技巧　　　　　　32

第四章 辨识具有"将帅之能"和"使用之能"的人才

培养你的左膀右臂　　　　　　　　37
提拔工作业绩出色的人　　　　　　40
察贤识才的三个标准　　　　　　　43
优秀的人也会犯错　　　　　　　　46
让年轻人扛起重任　　　　　　　　48
表里如一的人值得信任　　　　　　50

第五章 过滤一些无用之才

失败从任用庸才开始　　　　　　　54
好成绩不等于好人才　　　　　　　56

| 学历和才干并没有直接关系 | 58 |

用人篇　用其长，避其短

第一章　人人皆人才，唯大小之分

找到你最需要的人才	62
用人要合乎原则	66
二流人才也是人才	68
最大限度地使用人才	70

第二章　举荐贤人，提携成长

贤人首要有好品行	73
管理人员重于一切	75
谁有本事就用谁	78
让下属自己去解决问题	81
给下属表现的机会	83
做好"空降兵"的"摆渡人"	85

第三章　合理搭配，力求周密

| 有效分配最佳机会 | 88 |

选对人才能做对事	90
权衡优劣以求互补	94
建立互补型团队	96
男女搭配，干活不累	98
如何避免"人多力量小"	101
错位导致人才浪费	104

第四章 量才适用，人人各得其所

接纳反对和犯错者	108
容才比求才更难	109
赏识各种个性	112
让平凡的人做出不平凡的事	115
给予人才最适宜的评价	117

第五章 人尽其才，注重扬长避短

让人人都发挥自己的最大潜力	120
鼓励每一个人争当先进	123
建立人尽其才的机制	126
知人善任才能成就大业	128
满足下属的工作成就感	130

管人篇　管出效能

第一章　管人——智者善权，宽严得宜

在要害处只收不放	134
不要做撒手掌柜	137
卓越管理源自充分授权	139
显示用人不疑的气度	141
让大家共同参与讨论	144
得人心者得天下	146

第二章　管人有术，不同人用不同方法

搞定难缠的下属	149
正确对待攻击型下属	151
关键时刻拉下属一把	153
让知识型员工自我管理	155
用恰当的话消解下属的怨气	157
说服是最好的领导方式	159

第三章　高效管理，创造管人最大效益

适时地为企业打强心针	163

帮助员工树立工作信心	165
注重员工的精神待遇	168
如何引出员工的激情	169
莫因为迁就而导致扼杀	171
管理的最高境界是不用管理	173
尊重时间才能赢得成功	174

第四章 投资培训，对下属培养很重要

培训支出是企业投资	177
选择最有效的培训方式	179
告诉员工你对他的期望	182
给下属学习的机会	184
把弱点作为培植的切入点	187

第五章 赞美批评，管理中的"褒贬"艺术

求全责备是激励的大忌	190
批评要有技巧	192
温暖和严寒兼用	196
赞誉方式要富于变化	198
直接解释问题比说什么都好	202

批评要让对方心悦诚服　　　　　　204

第六章　赏罚分明，刚柔并济管理下属

让制度为公正导航　　　　　　207
关键在于度的把握　　　　　　209
以利激励要恰到好处　　　　　　212
无情管理的有效运用　　　　　　215
制度建设要与时俱进　　　　　　218

第七章　管理团队，让内部"有竞争无斗争"

冲突是提升凝聚力的契机　　　　　　221
从遏制扯皮开始　　　　　　223
提升凝聚力的七大关键　　　　　　225
不可缺少的内部流动　　　　　　228
莫让晋升引发恶性竞争　　　　　　231

第八章　留人裁人，妥善处理

剔除团队中的害群之马　　　　　　234
高薪留人与诚意放人　　　　　　236

有效控制人才流失 238
要设法让他感到被重视 241
将员工看作是合作伙伴 244

识人篇

选准人

第一章

识人，应当有自己的战术和策略

不同职位需要不同个性

千军易得，一将难求。人才，是事业之根本。争天下者必先争贤，得贤者必得天下。一个国家如此，一个组织亦然。因此，管理者应该不拘一格地选拔和使用人才。

1. 主管人才的识别

相对于成员来说，主管是组织内某一方面的管理专家，是直接的管理者；相对于上司来说，他们又是下属和助手。主管这种特殊的角色，使得在聘用他们时，必须进行综合考虑、慎重地权衡。无论多大的公司，主管与经理之间保持和谐的人际关系都是很重要的。

主管要成为经理的得力助手，首先必须与经理在性格上相投。

主管要能够理解经理的感情变化，不能有被人使唤或命令的怨气，更不能认为自己一人之下、万人之上，在下属面前显示不可一世的傲气，也不可以在单位内部搞宗派，不把经理放在眼里，甚至架空经理。主管确实应有一定的权力，但不能以为自己能做到的事情就不需与经理通气、汇报。

另外，主管要有辅佐经理开拓经营领域的能力。在选用主管的时候，最好选择能发挥经理长处的人。作为经理的助手，要有能够弥补经理短处的长处，有时候要能够代替经理处理某方面的重大问题。

2. 推销人才的识别

推销人才的选择对企业来说是件相当重要的事。在选择时，不妨有意识地从下面几个方面衡量一下，看看被选择的对象是否具有这些素质。一个书生气十足的人是不可能具有这些素质的：他要有丰富的推销经验，有相当高的受教育程度，还要有出色的智力。

选择推销人才时，还要注意这几方面：被选择的对象要安心于推销工作，能够吃苦耐劳，以保持这一职位员工的稳定性。否则，如果经常更换推销员，那将永远是由一个新手来做推销工作，就会对企业造成极大损失；被选择的对象应具有很强的事业心，把办好企业作为自己的奋斗目标，为了达到这一目标而甘愿吃苦，即便从每天清晨8点登门拜访第一个主顾起，一直跑到晚上10点，他也毫无怨言；被选择的对象还要具备对企业忠诚的素质，他应该是一个忠诚老实的人，而且他要凭着这种忠诚去感动他的推销对象；被选择的对象还要善于表达，措辞要准确。

3

选择好了推销人才以后，就要抓紧时间对他们进行培训。要通过培训，使他们克服一些"天然素质"的不足，如过分体贴同情顾客，说话办事缺乏弹性，不乐意做推销工作等。推销教育专家高曼说，选择推销员时，首先应深入分析公司到底需要何种类型的人才来担当此任，并观察哪些人拥有此种人才的特点和条件。他说，他开设了一个训练推销员的公司，公司在日内瓦，在那里受培训的是来自各个国家的大约8000个大企业的几十万名推销员。可见，对推销人才，不但要重"选拔"，也要重"培训"。

优秀的人才会说话

辩论有用道理取胜的，有用言辞取胜的。用道理取胜的，先区分黑白是非的界限，再展开论述，把幽微深奥的部分讲清楚后，再讲明全部道理。用言辞取胜的，离开主题和本质，虽然从细枝末节驳倒了对方，却把主旨给弄丢了。

偏才之人，才能见解有相同的，有相反的，也有相互间杂的。相同的就相互融合，相反的就相互排斥，相互间杂的就相互包容。因此，善于与人谈话的人，常选择对方喜欢的话题来交谈，一旦发觉对方不感兴趣，就马上切换话题；如果不是很有把握，也不随意反诘对方。不善于谈话的人，往往说些模棱两可、无关痛痒的话题，如此一来，双方很难进行深入融洽的交流，渐渐因尴尬而中断话题。善于讲述道理的人，一句话就能讲清一件事或几件事。不善于讲述道理的，100句话有可能也讲不清一件事。

通过论辩，可以判断一个人的才学高低及真假。管理者在量才用人时,如果能制造机会,引发一场争论,让大家唇枪舌剑一番,自己从旁观察,就很容易衡量出各人的才学。

1. 说得别人心悦诚服与说得别人哑口无言的人

有的人在与人论辩时,总是摆事实,讲道理,道理讲得清清楚楚,明明白白,说得人心服口服,不能不服。这种人思路清晰,看问题能抓住本质,反应也快,而且态度从容,不紧不慢,有娓娓道来之势,为人做事有理有据有节,分寸把握良好。这种人稳健大方,从从容容而能机巧变通,可担大任。

另有一种人,在争论中也能取胜,往往说得人家哑口无言,或者说得别人拂袖而去,不愿再跟他争论。这种人多是靠言辞的犀利尖锐而战胜对方的。他们目光犀利,能迅速抓住他人讲话的漏洞反驳,穷追猛打让对方手忙脚乱。他们文辞采飞扬,妙语如花,取胜的同时又能博得旁人的一些欢笑和点头。但因以对方的不足为立论点,不能正确全面地陈述自己的观点,因此对方虽败而不服。

后面这种人机智敏捷,反应迅速,活泼伶俐,一张巧嘴能把错说成对,黑说成白,尽管对方知他无理,却在一时之间驳不倒他。但要注意他轻浮不稳的毛病,当心聪明反被聪明误,应引导他们学会静下心来踏踏实实工作与思考,培养浩然正气,方可大用。

2. 善于寻找话题与不善于与人打交道的人

与人交谈时,如果大家见解相同或相近,就如河水流向大海,彼此融洽。如果意见相左,争了几句就负气而去,或者彼此模棱两可,谈得不冷不热,不亲不近,谈话则渐渐因尴尬而止。善于与人交谈的人,当发现彼此观点相悖时,会立刻转换话题,用巧妙的方式不断试探，或采用迂回技术，逐渐找到对方感兴趣的话题，慢慢地回到主题上去。

这种人富于机智，容易得到大家的好感，而且意志坚定，善于思考和察言观色，千方百计去实现自己的计划，敢说敢做，且有力量坚持到成功。

不善于与人交谈的人，说话往往处于被动位置，公式化的一问一答，或者说些模棱两可的应酬话；一旦说到他感兴趣的话题上，立刻像变成另一个人似的，滔滔不绝，侃侃而谈，甚至会激动起来，仿佛于寂寞山中遇到知音，听者也能从中得到许多有用的东西。

后一类人对生活有激情，他们苦苦钻研自己的兴趣所在，会成为某一领域的专家。他们不喜欢热闹，而爱清静独处，生活欲望也比较清淡。

3. 善于讲清道理与不善于讲清道理的人

善于讲清道理的人，往往说一不二，是精明强干的人物。不善于讲清道理的人，讲话稀里糊涂又抓不着关键，说了半天也讲不明事情的原因和经过，或者永远打擦边球，说不到本质上去。这种人思路不清晰、头脑混乱，难以担当重任，不宜委派重要事务给他们。

不以个人好恶为标准

自古以来，历朝历代凡成就大业的领导者无不以"江山社稷用人为先"为准则，从而因用人而兴——齐桓公重用管仲，成就了一番春秋霸业；秦始皇任用韩非、李斯横扫六国，一统天下；

刘备以"隆中对"识得诸葛亮,而得"三分天下"之势;朱元璋凭借自己的真诚感动了心如死灰的落魄士子刘伯温,使他终归自己帐下……伟大的成就来自于正确的用人。真正智慧的管理者在用人时有一个最大的特点:唯才是举,而不是根据个人的好恶。

在用人中,有很大一部分管理者通常会不自觉地抵触比自己优秀的人,倾向于选择比自己差一点点的员工为自己的下属。用比自己差的人不仅方便管理,并且非常安全。招聘下属以自己的好恶为衡量标准;提拔副手,同样喜欢找能力比自己差的人。

还有一部分管理者,往往习惯感情用事,看到与自己志趣相投的人,便不再注意这个人其他方面的素质,从而将其当成人才。这样做的结果往往使此管理者形成自己的"人才小圈子",由于考核不到位,致使很多人浑水摸鱼进入团队,而真正适合的人才却被错过了。

只有聪明的管理者才懂得知人善任的重要性,他们在用人过程中懂得识才重才,不以个人的好恶来看人,这样的管理者往往会得到下属的尊重和追随。例如美国IBM公司的总裁小沃森就是这样的一个典范。有一天,一位中年人闯进小沃森的办公室,大声嚷嚷道:"我还有什么盼头!销售总经理的差事丢了,现在干着因人设事的闲差,有什么意思?"

这个人叫汤姆,是IBM公司"未来需求部"的负责人,他是刚刚去世不久的IBM公司第二把手柯克的好友。由于柯克与小沃森是对头,所以汤姆认为,柯克一死,小沃森定会收拾他。于是决定破罐破摔,主动辞职。

沃森父子以脾气暴躁而闻名,但面对故意找茬的汤姆,小沃森并没有发火，他了解汤姆的心理。小沃森觉得，汤姆是个难得的人才，甚至比刚去世的柯克还精明。虽说此人是已故对手的下属，性格又桀骜不驯，但为了公司的前途，小沃森决定尽力挽留他。

小沃森对汤姆说："如果你真行，那么，不仅在柯克手下，在我、我父亲手下都能成功。如果你认为我不公平，那你就走，否则，你应该留下，因为这里有很多机遇。"

后来，事实证明留下汤姆是极其正确的，因为在促使IBM做计算机生意方面，汤姆的贡献最大。当小沃森极力劝说老沃森及IBM其他高级负责人尽快投入计算机行业时，公司总部响应者很少，而汤姆则全力支持他。正是由于他们俩的携手努力，才使IBM免于灭顶之灾，并走向更辉煌的成功之路。

后来，小沃森在他的回忆录中说了这样的话："在柯克死后挽留汤姆，是我有史以来所采取的最出色的行动之一。""我总是毫不犹豫地提拔我不喜欢的人。那种讨人喜欢的助手，喜欢与你一道外出钓鱼的好友，则是管理中的陷阱。相反，我总是寻找精明能干、爱挑毛病、语言尖刻、几乎令人生厌的人，他们能对你推心置腹。如果你能把这些人安排在你周围工作，耐心听取他们的意见，那么，你能取得的成就将是无限的。"可见，做一个不以个人好恶为用人标准的管理者，是一种最明智的选择。人才与厂房设备等资源最大的不同在于人会思考、有感情。管理者只有知人善任，人才才会感恩图报。

选才要透过现象看本质

通过相貌、表情、表象来了解人，是"识人"的一种辅助手段。但是，如果把它绝对化，把"识人"变成以貌取人，就会错看人才，乃至失去人才。东汉末年，东吴国君孙权号称是善识人才的明君，但却曾"相马失于瘦，遂遗千里足"。周瑜死后，鲁肃向孙权力荐庞统。孙权听后先是大喜，但见面后却心中不高兴。因为庞统生得浓眉掀鼻、黑面短髯、形容古怪，加之庞统不推崇孙权一向器重的周瑜，孙权便错误地认为庞统只不过是一介狂士，没什么大用。

鲁肃见孙权看不中庞统，于是提醒孙权，庞统在赤壁大战时曾献连环计，立下奇功，以此说服孙权。而孙权顽固不化，最终把庞统从江南逼走。鲁肃见事已至此，只好转而把庞统推荐给刘备。谁知，爱才心切的刘备，也犯了同样的错误。他见庞统相貌丑陋，心中也不高兴，只让其当了个小小的县令。有旷世之才的庞统，只因相貌长得不俊，竟然几次遭到冷落，不能得到重用。后来，还是诸葛亮向鲁肃了解了他的真才后极力举荐，才委以副军师的职务。晋代学者葛洪曾经深有感触地说："看一个人的外表是无法识察其本质的，凭一个人的相貌是不可衡量其能力的。"有的人其貌不扬，甚至丑陋，但却是千古奇才；有的人虽仪表堂堂，却是"金玉其外、败絮其中"的草包，如果以貌取人，就会造成取者非才或才者未取的后果。

可见，相貌美丑与人的思想善恶和能力大小并没有必然的联系。人虽貌丑却有德有才，则不失为君子；人虽貌美而无德无才，却只能是小人。不能以相貌论英雄的道理，主要是告诫领导者识才要注意透过表象看本质。下面的例子从另外的角度进一步说明了这个问题。

西汉时期,汉文帝曾问田叔:"天下之士,谁是贤良忠臣?"田叔回答是云中郡守孟舒。文帝说:"边敌入侵,孟舒没有坚守住城池,还战死了好几百士卒,我已经罢免了他的官职,他怎么能算是贤良忠臣呢?"田叔说:"当时,孟舒率军已奋战几昼夜,疲惫不堪,故在敌军发起进攻时,孟舒不忍再令将士迎战。士兵见其如此宽厚仁爱,无不感动,争先恐后登城杀敌,奋不顾身,视死如归,所以,阵亡的人很多呀!"文帝听到这儿,不禁慨叹道:"孟舒贤臣!"重新召孟舒为云中郡守。

春秋时代,孔子被困于陈蔡国境之间,七日没有进食。弟子颜回讨到些米来煮饭。饭熟了,孔子看到颜回从锅里抓饭吃。当颜回把饭端来时,孔子假装没看见刚才的事,说:"我方才睡着,梦见先君,他说只有清洁的食物才可送给人吃。"

颜回知道老师是在怀疑自己偷饭吃,便禀明老师:"刚才是柴灰落进锅里,挑不出来,弃之可惜,学生就把那点脏了的饭抓来吃了。"孔子这才发觉错怪了自己的学生,慨叹道:"人们都相信自己的眼睛,看来眼见也未必都实啊!"

古今中外有很多事例都告诉我们:善于知人用人者,都是从人才的本质特征中去考察,而不是只看表面现象。凡在知人用人上的失误,都是只注意人才的一些表面,对于其人的德才却没有深加考察,从而埋没甚至遗弃和伤害了真正的贤能之人。

留意发现潜在的人才

识才,不仅要看到那些锋芒毕露者,更要注意寻找那些暂时默默无闻和表面上平淡无奇,而实则很有才华和发展前途者。显露的人才如同人人关注的上林之花,锦绣灿烂,蜚声世间,都欲得而用之。潜在人才则有如待琢之玉,似尘土中的黄金,没有得到公众的认可,没有表现出自己的价值,如果不是独具慧眼的识才者是难以发现的。

千里马之所以能在穷乡僻壤、山路泥泞之中,盐车重载之下被发现,是因为幸遇善于相马的伯乐。千里马如果没有遇到伯乐,恐怕要终身固守在槽枥之中,永无出头之日。许多潜在人才都是被"伯乐"相中,又为其创造了一个展示才华、发展成长的机会,才获得成功的。

企业家如果想较多、较好、较快地识别和发现潜在人才,必须注意以下几点:

(1)听其言识其心志。潜在人才都是尚未得志的人,他们在公开场合说假话、官话的极少,他们的话绝大多数是在自由场合下直抒胸臆的肺腑之言,是不带"颜色"的本质之言,因而更能真实地反映他们真实的思想感情。

(2)观其行识其追求。任何一个人一旦进入了自己希望扮演的角色,就会为了保住角色而多多少少带点"装扮相",只有一般人中的人才,他们既无失去角色的担心,又不刻意寻找表现自己的机会,所以,他们的一切言行都比较纯朴自然。企业家如果能在一个人才毫无装扮的情况下透视出他的真迹,而且这种真迹又包含和表现出某种可贵之处,那么大胆启用这种人才,是十分可靠的。

（3）析其作辨其才华。潜在人才虽处于成长发展阶段，有的甚至处在成才的初始时期，但既是人才就必然具有人才的先天素质。或有初生牛犊不怕虎的胆略，或有出淤泥而不染的可贵品格，或有"三年不鸣，一鸣惊人"之举，或有"雏凤清于老凤声"的过人之处。

（4）闻其誉识其才。善识人才者，应时刻保持清醒的头脑，有自己的独立见解，不受表面现象左右。对于已成名的人才，不应当跟在吹捧赞扬声的后面唱赞歌，而应多听一听反对意见；对于未成名的潜在人才所受到的赞誉，则应留心在意。这是因为，人大多受"马太效应"影响，人云亦云者居多。大家说好，说好的人越发多起来；大家说坏，说坏的人也会随波逐流。但当人才处在潜伏阶段，"马太效应"与其毫不相干；再者，别人对其吹捧没有好处可得。所以，其称赞是发自内心的，是心口一致的。领导者如果听到大家对自己一名普通的下属进行赞扬时，一定要引起注意。

总之，既是人才，就必然有不同常人之处，否则就称不上人才。一位善识人才的"伯乐"，正是要在"千里马"无处施展拳脚之时识别出他与一般"马匹"的不同，如果"千里马"已在驰骋腾跃之中表现出英姿，何用"伯乐"识别？

第二章

同等条件下，优先选用聪明人

任人唯亲不如任人唯贤

任人唯亲是用人之大敌。无数事实表明，任人唯亲、拉帮结伙、互相串通、以权谋私，是导致事业失败的重要原因。任用人才应唯才是用，而不是唯亲是用。

人事任用时，管理者决不可以徇私，不可以依据个人好恶决定任用与否，而要以"能否胜任"为准则。这是一个基本条件。不能说"这个人能干是能干，却令人讨厌"，或者"他虽然没什么本事，却是我欣赏的类型，就让他做科长吧"。要把情形搞清楚，虽然从心里讨厌他，但这件事除了他以外没有第二个人可以胜任就只好向他低头了。经营者一定要彻底做到这一点，这是人事工作上的基本要求。唯有不徇私的态度，才能让其他员工乐于接受、协助。

量才而用，合理搭配。部门的员工间或是同级管理者之间，有时会产生对立，以致人际关系不能顺利发展，这是不好的现象。但大家都是凡俗的人，人际的摩擦是在所难免的，所以还是要承认有某种程度的对立存在。因此身为干部，要多考虑怎样运用人事调动，尽量减少这种对立。

比如说，3个职位一样的管理者共同管理同一部门时，即使3个人的性格相近，实力又相当，也总是会有意见分歧的时候。所以最好的调配是：一个富有决断力，一个富有协调力，另一个富有行政力，共同组成一个理想的业务队伍。这么一来便能使效率高而对立少了。领导干部应具有这种面面俱到、妥善搭配工作人员的能力。

管理者的对立是要极力避免的，如果自己也是当事人，事情会变得较难解决。这时，想办法分配给每个人不同的任务，是最为妥当的办法。

比如说，你们3个人组成一个团队时，如果同属一个职位，那是很难办成事的。只有选其中一个做最高负责人，然后凡事以他的意见为中心，日常事务才可照常进行。

松下幸之助曾经这样劝告过一位当会长的人："你最不对的地方就是叫你的朋友进你的公司当干部。"他请他的朋友担任公司的常务，这是有问题的。实际上，他应该事先跟他的朋友说："你进我的公司工作，是否能有当我员工的意识？如果你有这种意识，我是非常欢迎你的，但是你如果只是想来帮忙的话，最好不要进我的公司，我希望你在公司外帮助我就好了。"

如果不事先讲明，他就会成为一个在你公司内的"朋友"，而不是你的员工了。一旦彼此的意见对立，因为你要考虑到朋友的感受，所以本来应该严正告诉他的事，也说不成了。甚至于在你想下决断时，这位"朋友"就是不同意，于是往往会造成不必要的对立。

任人唯亲，就是不考虑才能如何，仅仅选用那些与自己感情好、关系密切的人。其表现形式有三：一是"以我画线"。谁赞同自己、拥护自己、吹捧自己，就提拔谁。"顺我者存，附我者升"，把自己领导的单位搞成"一人得道，鸡犬升天"的"封地"。二是"唯派是亲"。凡是帮朋助友，不管是否有德有才，都优先加以考虑。三是"关系至上"。

如何才能做到任人唯贤？作为管理者必须要把握住两个基本点：

第一，要有"公心"。关键在于无私，无私是选贤才的前提。对这点，中国古代的先哲孔子看得十分清楚。他说：君子对天下之人，应不分亲疏，无论厚薄，只亲近仁义之人。这就是说，在人才问题上，应该不计较个人恩怨、得失，而只考虑国家、民众的利益。其实质就是在选才上无私，对能力强于自己、品德贤于自己的人，要加以举荐，或使他来代替自己，或使他居于自己之上。在选才上无私，就是要抛弃个人成见，客观地对他人做出评价；即使对其并不喜欢，也决不以私害公、以私误公，而应毅然选拔。

第二，公而忘私、虚怀若谷，有很高的素质，能够不计较个人恩怨和得失。尽管一些企业的管理者也反对裙带关系，可是选拔人才时就不自觉地搞亲亲疏疏，其中原因是他们总凭个人的私欲、私情来举贤选才，这就偏离了公正客观的选才标准，长久发展下去，势必会出现小人得势、贤才失势的局面。

创业期招聘需要大智慧

创业期企业是社会的新生儿，规模小，实力较弱，还未得到社会的广泛认可。这类企业引进新生人力资源时，往往会遇到比成熟企业更多的困难，同时也需要考虑得更加周全。人力资源专家认为，创业期企业招龙引凤，需发挥比成熟企业招聘更多的智慧。

1. 注重人才与老板的匹配度

创业期企业各方面均不成熟，管理制度很不健全，甚至是基本没有，企业文化也未形成，公司的日程管理都是由老板亲力而为，企业的战略目标是求得生存和发展。企业的发展和业务的开拓主要靠老板的能力。总体而言，老板的个人风格决定着公司的命运。

多年工作的磨炼，企业老板基本上都已经形成了相对稳定的工作方式和做事风格，调整的空间和可能性有限。所以，这就要求引进的员工要与老板有较高的匹配度。只有匹配度高，大家才能高度团结，才能产生出较高的工作效率，才能克服企业在起步阶段的种种困难。反之，容易造成工作中的摩擦、误会，积累到一定程度就会爆发矛盾，从而导致合作失败。而这种团队建设上的失败，对创业期企业往往是致命的。

测试人才与老板的匹配程度，首先需要测试老板是一个有什么样工作行为的人。按照老板的风格进行招人。测试工作行为主要从3个维度入手：和人打交道的风格、办事的风格以及接受信息、处理信息、反馈信息的能力和风格。

2. 看重人才的职业素养和核心竞争力

创业期企业对外部人才的需求并不突出，数量少，以一般员工尤其是业务开拓人员的招聘为主，极少招聘中层，基本没有高层招聘。业务开拓人员是创业期企业的核心人员，其职业素养的成熟与否和核心竞争力的强弱直接决定着企业能否在激烈的业务竞争中破局成功。

评判一个人的职业素养可以从以下几个方面测评：职业习惯、职业成熟度、工作主动性、工作压力承受能力、学习素养。对于创业期企业而言，更为重要的是工作主动性和工作压力承受能力。创业期企业不可能获得足够的业务资源和社会关系资源，这就需要员工具有较高的工作主动性。同样，员工面对的新市场、新资源，业务开拓进程中有着更多的不确定性，这就需要员工要有较强的工作压力承受能力。

相对职业素养，人才的核心竞争力是企业最为看重的。人才的核心竞争力主要由以下几项内容组成：知识、技能和经验。知识是指以专业知识为核心的全方位认知水平；技能主要体现在专业能力上；经验和工作经历有密切关系，有经验的人才能够更好地帮助企业规避风险。对于创业期企业，技能为首选，经验为次，知识居末。

3. 兼顾人才与组织、组织发展的协调性

如今激烈的竞争环境要求并决定了创业期企业发展速度一定要快。市场可以不断拓展，产品可以不断创新，而企业内部人力资源则不能日日更迭。团队的稳定是企业高速发展的基础，这就需

要企业在招聘人才时要考虑人才与企业组织、企业发展的协调性。

人才与组织的协调性主要体现在人才与组织的相互适应程度、人才成长与企业成长的一致性上，而人才与组织发展的协调性主要体现在人才对企业价值观的认同感、人才对企业愿景的信任感上。因为创业型企业不具备成系统的企业文化，未凸现出明显的企业风格，所以，人才与组织发展的协调性对创业期企业而言不如人才与组织的协调性重要。人才与组织的协调性测评主要是看人才的知识、技能、经验、职业素养与企业提供的岗位、企业的成长速度是否对应。能够满足企业岗位、企业发展要求的人才，则可认定为与组织的协调性高。

用职位留下最能干的人

韩信是帮助刘邦夺取天下的主要功臣之一，在楚汉战争中起着至关重要的作用。但他在被刘邦重用之前，也曾因为得不到重用而出走。据《史记·淮阴侯列传》及《汉书·韩信传》的记载，韩信是淮阴人，不仅出身不好，年轻的时候品行也不怎么好，他唯一的优点就是精通兵法，并且胸怀大志。

韩信曾先后投到项梁和夏侯婴的部下，但都没有受到重用。一次，韩信由于触犯军法而被判处斩刑，同案的十三人均已行刑问斩。轮到韩信时，他抬头仰视，正好看见腾公，便大声说道："汉王不想成就夺取天下的大业了吗？为什么斩杀壮士！"

腾公见韩信出言不凡，且相貌威武，便释放了韩信，免他一死。此后，腾公向刘邦举荐了韩信，韩信于是被任命为治粟都尉，负责管理全军的粮饷。韩信对于治粟都尉这个职位并不满意，觉得自己在这里没有用武之地。他思来想去，最终决定出逃，另寻可以施展能力的地方。

刘邦的宰相萧何在得知韩信出逃的消息后，立即骑马去追赶韩信，好不容易把韩信给挽留了下来。在追回了韩信之后，萧何向汉王刘邦阐述了他之所以极力挽留韩信的原因。他说："大王，那些逃亡的将领，都是容易得到的人；至于韩信这样的杰出将才，普天下找不出第二个来。大王如果是想长久地称王汉中，韩信确实派不上什么用场；但如果是想争夺天下，那么韩信就是和你共商大计的不二人选。"

汉王恍然大悟，立即召见韩信，要拜他为大将。萧何赶忙阻拦，并对刘邦说，要想留住像韩信这样的能人，必须表现出对这个人才的尊重。于是汉王选择了一个良辰吉日，事先斋戒，为韩信举办了一个盛大的拜将仪式，封他为"大将军"。

刘邦通过这样的一个拜将仪式，不仅显示了韩信所受封的"大将军"的地位非常崇高，也让韩信感受到了自己的价值，从而成功地将他留在了身边。从这个典故我们应该看到，有才能的人最大的愿望就是发挥自己的才能。作为一个领导者，应该给那些有能力的人最适合他的职位，这才是对他们最好的尊重。

组织能力很重要

组织协调能力是管理者必备的能力之一。某装饰集团招聘市场部经理，该职位的主要职责是负责公司品牌推广、维护，组织客户维护活动和市场开拓活动,负责对外联系和合作。因为在工作中,既需要在公司内部协调各部门关系共同举办活动和开拓市场,又需要站在公司的角度与外部有关联的单位进行合作,该职位对任职者的组织协调能力要求较高。如何在一两次面试中准确地判断出候选人的组织协调能力的强弱呢?人力资源专家认为组织协调能力主要包括组织能力、问题解决能力和领导力,在招聘过程中应该从3个角度进行评判。

1. "组织者"的气质和角色

一个人是否具有出众的组织能力,主要看其是否具有"组织者"的气质和风范,以及其是否在工作开展过程中担任过真正的"组织者"角色。这和职务高低没有太大的关系。有些人天生就是"组织者",即使他职务不高,但是一旦领导将某项组织工作交给他,他就能立即在职务范围内发挥对他人的影响力。有些人即使身在领导者位置,但喜欢战略层面的指导,真正的组织者角色却由下属充当。

所谓组织者气质,主要体现在以下几个方面:具有坚强的意志力、具有明确的目标、记忆能力出众并且善于总结经验、性格开朗并喜欢沟通、兴趣广泛、思想开放、对人宽容。招聘单位在对候选人的考核中,可以从以上几个方面综合把握候选人是否具有组织者的气质,这也直接反映了候选人的组织能力和发展潜力。

2. 避免问题和解决问题

事物的发展都是伴随着矛盾和问题进行的,工作的开展也是一样。一个合格的管理人员,不仅不惧怕问题,要有解决问题的能力,更重要的是,要有避免冲突和问题的能力。也就是说,对工作中可能会出现的矛盾和问题，要有精确的预判。

在工作中，矛盾产生的原因有多种：彼此之间的误解，不同人的个性差异，不同的利益追求，工作方法的不同，等等。当这些问题出现后，正确处理问题的方法是最为重要的。一般来说，处理的方法主要有：压制、强权式解决、妥协、均衡利益。方式无对错，只有结果的差异。招聘企业在考核过程中，只需把握住一个原则：候选人采用的方式是否能够最大化促进组织目标的实现。

3. 有信任，才有领导

只有信任下属，才能获得下属的追随，才能产生领导力。许多工作需要下属去做，这就需要领导者信任下属，对下属适当授权。授权不是放弃自己的职责，而是准许别人去更好地完成工作。是否懂得授权，也是对候选人的考核点之一。伴随授权机制的还有监督机制，高明的授权者既允许下属放手去做，又时时监督下属的工作进程，并保证在关键点上不出差错。这也是用人单位重要考察的一个方面。

授权是给下属提供舞台，而激励则是促进下属卓越工作的音乐。作为团队的领导者，有责任激励下属，使他们更有效、更卓越地工作。一个领导力出众的领导，既对下属高度信任，又能够发自内心地给予下属尊重；既能主动关心和帮助下属的职业发展，又能在工作中使下属能够人尽其才、发挥其所长。招聘企业在考察候选人的领导力过程中，可以从其与下属的关系、下属的发展现状、下属对其的评价等几个方面进行判断。

第三章

区别"解决小问题"和"解决大问题"的人才

以价值创造能力来评价人才

子曰:"孟公绰为赵、魏老则优,不可以为滕、薛大夫。"(《论语·宪问》)孔子的意思是说:"孟公绰可以做赵国、魏国上卿的家臣,但是不可以做滕、薛的大夫。"

孟公绰是鲁国大夫,品德高尚,德高才短,其品德为孔子所敬重。滕和薛是两个小诸侯国。相比滕、薛,赵、魏为大国。孔子认为,大国上卿的家臣,望尊而职不杂,德高则能胜任;而小国的大夫政烦责重,才短则难以胜任。这不仅说明了知人善任的重要性,而且还揭示了人才评价是以是否胜任为主要标准的。

是否胜任,主要体现在价值创造上。能够胜任岗位的人,不仅能够卓有成效地解决工作中出现的问题,具有前瞻性地清除未来的风险，还能最大限度地实现岗位效益，为公司创造较大的价值。

以价值创造能力来评价胜任度，是符合经济学规则的。工作就是生产。从经济学角度来讲，生产的含义是十分广泛的，它不仅仅意味着制造了一台机器或生产出一些钢材等，它还包含了各种各样的经济活动。如：律师为他人打官司，商场的经营，医生为病人看病等等。这些活动都涉及某个人或经济实体提供的产品或服务。因此，简单讲，任何创造价值的活动都是生产，工作就是一种创造价值的活动。

工作创造的价值不仅对人类及社会发展有益，更现实地讲，工作创造的价值或者经济效益对个人本身更有益。这是一个很浅显的道理：管理者从个人创造的效益中获得利润，并为员工的劳动支付报酬；员工因为获得报酬而使自己的钱包鼓起来，从而过着幸福的生活。

管理者应该给员工传递这样的一个概念：从经济学意义上讲，创造价值的人也是产品。员工靠出卖劳动力实现赢利，薪酬是按劳分配所得，并在实践中积累经验实现增值从而实现扩大再生产；管理者出资购买生产资料、生产工具和劳动力组成企业，生产产品和提供服务，赚取利润，利润按劳分配给管理者。

管理者应该让员工知道，企业最看重的是其使用价值。人的使用价值，与人的实践经验、专业技能有关。在实际工作中，时常遇到这样的场景：面试时人力资源经理们经常急不可待地询问应聘者，你能帮我们解决哪些问题？你能胜任这些工作吗？而解决这些问题，正是员工使用价值的体现。

管理者必须让员工认定的一个客观现实是，决定薪水的不是学历，不是外貌，而是他的使用价值。这里的使用价值概念是从员工的角度来说的，创造价值这个词语表达的含义更为确切——员工的价值创造能力越强，在企业眼里，使用价值就越高；反之，在企业眼里就可能不值得一提。

管理者应该让员工明白，价值创造能力决定着员工的身价和薪水。工作是体现个人价值的试金石。任何人都应该找出自己在工作中的重要价值，需要用心好好地想一想：自己在做什么？自己是否提供必需的服务？自己是否看到完成的产品？自己是否是位发号施令者？然后再问自己：因为我的投入，这份工作是否不一样？

管理者应该告诉员工的一条职场规律是，要想在职场上获得高薪，唯一不变的事情就是要不断增强自己创造价值的能力。而一些工作不太积极的员工，他们工作的目的只不过是为了一份工资，"只要对得起那份工资就可以了"是他们的口头禅。这类员工在工作中不可能积极主动，他们大都抱着做一天和尚撞一天钟的态度，因而往往会成为企业管理的"鸡肋"。这类员工往往会成为企业的包袱，一旦企业有更好的员工可以替代他们，他们也就必然会被企业抛弃。

虽然价值创造能力是考察员工最重要的能力指标，但管理者对员工考察，不是为了考察而考察，目的在于促进员工和公司共同进步。管理者要想在企业内部真正落实以价值创造能力来对员工的表现进行评价，这需要管理者做好三方面的工作。

首先，在招聘中要保持理性。应聘者在应聘时的典型心理是尽可能美化自己，头上的荣誉光环越多，被重用的可能性就越大。

大家都知道晕轮效应，即一个人对另一个人（或事物）的最初印象决定了他的总体看法，而看不准对方的真实品质，形成一种好的或坏的"成见"。成熟的总经理都会掌握一些成熟的方法，来确保企业在使用人才方面的"理性"。

其次，要重视人岗匹配问题。不要"大材小用"，也不要"小材大用"，要量才而用。

最后，要加强培训，提升员工的工作能力。我们以宝洁为例。宝洁一向信奉的理念是"注重人才，以人为本"，他们把人才视为公司最宝贵的财富。宝洁的培训特色就是全员、全程、全方位和针对性。

全员是指公司所有员工都有机会参加各种培训；全程是指员工从踏入宝洁大门的那一天起，公司开展的培训项目将会贯穿其整个职业发展过程；全方位是指宝洁的培训项目是多方位的，既有素质培训、管理技能培训，也有专业技能培训、语言培训、电脑培训等；针对性是指宝洁公司会针对每一个员工个人的长处和有待改善的地方，结合其工作的需求，针对性地为其设计培训项目。在宝洁公司领导人眼里，他们不希望任何一名员工存在短板。

员工决定企业的成败，员工弱则企业弱，员工强则企业强。员工进步，企业才能进步。培训不仅要加强员工的专业技能，还要增强员工的综合技能。促进员工成长，不是培训的实质。在企业眼里，培训是一种投资，其本质是通过提升员工的能力而获得更多的经济效益。管理者了解到这一点，就会将培训作为公司最重要的工作来看待。

精英人才是发动机

柳传志曾说过这样一句话:"作为一家制造业公司,取得成功的关键在于充分调动核心管理层和公司骨干的积极性。"联想在做业务、做事的时候,特别注意"带人",事业要做出来,人也要培养出来。

这样的做事风格,逐渐成为一种文化,它被联想称为"发动机文化"。作为联想的一把手,柳传志是一台发动机,他希望把他的副手们(各个子公司和主要部门的负责人)都培养成同步的小发动机,而不是齿轮——齿轮是没有动力的,无论他的发动机马力多强大,齿轮本身多润滑,合在一起的系统所能提供的总能量是有限的;如果副手是同步运行的小发动机,大家一起联动的力量将非常强大。

关于"发动机理论"如何贯彻落实,柳传志表示:

首先要提供舞台。他的副手们都是有特殊追求的人。对他们来说,仅仅有物质激励肯定是不够的,精神激励更为重要,而这个精神激励主要是给他们一个足够宽广的舞台。联想的具体做法是:制定了总公司的目标和战略之后,接着确定各子公司的目标和责任,和子公司的领导们讨论要实现目标他们应该有哪些权力,并明确奖惩标准。目标制定后,具体怎么去实现目标,是由子公司负责人或者部门负责人及他的团队设计的,当然在做之前,各个部门负责人会把这个方案向总部汇报,以保持同步。

柳传志敢把这么一个舞台放心地交给下属,当然需要培养。联想把公司的管理方式由最初的指令式,发展成其后的指导式,到最后形成参与式(下属子公司自己来做,总公司决策层只是参与而已）。

2001年联想分拆后，当时很多媒体担心，联想把大摊子突然交给年轻人，可能会做不好。其实后来的事实表明，他们做得非常出色，原因在于，早在分拆的前两年，具体的采购、供应、销售等业务已经由这些年轻人负责了。

关于"发动机理论"的深刻含义，柳传志强调：在"发动机理论"中，联想强调"三心"。其一是责任心，任何一名联想员工都必须有责任心。对中层干部而言，除了责任心，还要有上进心——要有野心登上更大的舞台，去管更多的事，挣更多的钱。只有努力进取，他们才可能成为"发动机"。对于核心位置上的核心员工，还要加上事业心。这个"事业心"不同于西方的职业经理人定位——在一家公司的管理职位上努力工作，拿到合适的报酬，再到另外一家公司去寻找合适的位置；联想的"事业心"是要把联想的事业当成自己的事业来做，一代一代地传下去。

培养事业心除了精神激励，物质激励也非常重要。让核心管理层拥有公司部分股权，让他们真的从产权角度感到自己是主人，这是联想努力去做的事情。

柳传志同时还指出，"发动机理论"中所说的发动机，是有定语的，企业需要的是"同步的"发动机，不同步就会很糟糕。无论大家的积极性有多高，如果各做各的事情，肯定要出事。在联想的组织架构中，在总裁室有企划部，其中有一个职能就是协调各个部门，保证同步、一致。更关键的是，联想强调"德"和"才"。这个"德"，就是要把企业利益放在第一位，这是联想唯一的标准。因此，在制度上，一旦出现宗派苗头，联想会在第一时间坚决打击。

优秀人才都经得起折腾

柳传志有一句名言："折腾是检验人才的唯一标准。"在他的手下有很多优秀的人才，他们都经历过柳传志反复的"折磨"，最终脱颖而出。柳传志说，人才都有必要经过一番甚至几番折腾，每一次折腾的过程就是一次能力提升的过程。在联想，有许多优秀的经理人都是"折腾"出来的，杨元庆就是其中一位。1988年，24岁的杨元庆进入联想工作，公司给他安排的第一个工作是做销售业务员。多年以后，杨元庆还记得，他骑着一辆破旧的自行车，穿行在北京的大街小巷，去推销联想产品时的情景。虽然刚开始杨元庆并不喜欢做销售工作，但他仍然干得非常认真，并且卓有成效。正是销售工作的历练，使杨元庆后来能够面对诸多困难。也正是杨元庆敏锐的市场眼光和出色的客户服务，才引起了柳传志的注意。

1992年4月，联想集团任命杨元庆为计算机辅助设备（CAD）部总经理。杨元庆在这个位置上不仅创造出了很好的业绩，而且还带出一支十分优秀的营销队伍。

1994年，柳传志任命他为联想微机事业部的总经理，把从研发到物流的所有权力都交给了杨元庆。2001年4月，37岁的杨元庆正式出任联想总裁兼CEO。

为了磨一磨杨元庆倔强的脾气，1996年的一个晚上，柳传志在会议室里当着大家的面狠狠地骂了他一顿："不要以为你所得到的一切都是理所当然的，你的舞台是我们顶着巨大的压力给你搭起来的……你不能一股劲只顾往前冲，什么事都来找我柳传志讲公不公平，你不妥协，要我如何做？"

一点都没给杨元庆面子，柳传志在骂哭杨元庆后第二天给杨元庆写了一封信："只有把自己锻炼成火鸡那么大，小鸡才肯承认你比它大。当你真像鸵鸟那么大时，小鸡才会心服。"经过不断的"折腾"，杨元庆最终成了一名经得住任何压力的"铁人"。

柳传志手下的另一员大将郭为也是在1988年进入联想集团工作的，他是联想第一位有工商管理硕士学位的员工。有如此高学历的郭为先是给柳传志做秘书，用他自己后来的话讲，他的工作是从给老板开车门、拎皮箱学起的。后来他离开秘书岗位，到只有5个人的公关部做经理。一年后他又被柳传志分配去做集团办公室的主任经理。

在以后的5年里，他做过业务部门的总经理、企业部的总经理，负责过财务部门的工作。1994年，柳传志又把他派到广东惠州联想集团新建的生产基地，让他去学习盖厂房。然后又让他去香港联想负责投资事务。郭为在联想集团工作的前8年，经历的岗位变动近10次，每一次都是不同类型的业务内容，在这期间他也有过失误，也曾经在全体员工大会上做过检查。

郭为也是被"折腾"的典型代表，他可以称得上是"一年一个新岗位"，折腾了十几年，换了许多岗位，成为"全才"。像杨元庆和郭为这样老是换新岗位、换工作的人才培养方法叫"缝鞋垫"与"做西服"。"缝鞋垫"与"做西服"是什么意思呢？

柳传志认为，培养一个战略型人才与培养一个优秀的裁缝有相同的道理。不能一开始就给他一块上等毛料去做西服，而是应该让他从缝鞋垫做起。鞋垫做好了再做短裤，然后再做一般的裤子、衬衣，最后才是做西服。不能拔苗助长操之过急，要一个一个台阶爬上去。从1990年开始一直到1993年，联想集团每年都会在人事安排上有一次变动。这种变动的核心内容是把一个又一个年轻人推上经理、总经理的岗位，有的降职，有的平级调动，有的提升。年年都要大折腾一次。联想集团就是用这种方法考察、调整人员，直到把一个又一个才华横溢的年轻人调到合适的位置为止。

品质隐藏在小事当中

我国早在汉代就确定了刺史六条，用以监督和考察百官的政绩与行为，并把它立为百代不易的良法。考察员工是保障团队合作效果的必要措施。七国之乱时，周亚夫立下了赫赫战功，官至丞相，为汉景帝献言献策，是汉景帝的股肱重臣。但汉景帝在选择下一任的辅政大臣时，他却受到了冷遇。

一天，汉景帝宴请周亚夫，给他准备了一大块肉，但是没有切开，也没给他准备筷子。周亚夫看了，很不高兴，就回头向主管筵席的官员要筷子。汉景帝笑着说："丞相，我给你这么大一块肉你还不满足吗？还要筷子，真是讲究啊。"

周亚夫一听，赶紧跪下向皇帝谢罪。汉景帝说："既然丞相不习惯这样吃，那就算了。起来吧，今天的宴席就到此。"周亚夫听了，只好告退，快步走出宫门。汉景帝看着他离开之后，说："看他闷闷不乐的样子，实在不是辅佐少子的大臣啊！"

少主年轻气盛，万一有什么做得过分的地方，只有具有长者风范的人，才能包容这些过失。辅佐少主的大臣，一定要稳重平和，任劳任怨，不能有什么骄气。从周亚夫的表现来看，连老皇帝对他不礼貌的举动，他都不能忍受，以后又怎么能包容少主的过失呢？汉景帝希望看到的是他二话不说，把赏赐的肉吃下去，一个臣子安守本分才是比较可贵的，他要筷子的举动，在汉景帝看来就是非分的做法——到辅佐少主的时候，会不会有更多非分的要求呢？汉景帝不能不防，所以他果断地放弃了周亚夫。可能有的人会认为，因为这样一个细节而决定将来的辅国宰相，未免有点小题大做。其实不然。尤其是在商场上，错误没有大小之分。我们来看一个录用粗心员工的故事。广州一家家电制造有限责任公司曾发生过这样一起管理"事故"。3号车间有一台机器出了故障，经过技术科的工作人员检查，发现原来是一个配套的螺丝钉掉了，怎么找也找不到，于是，只好重新去买。可根据公司内部规定，必须先由技术工作人员填写采购申请，然后由上级审批，之后再经过采购部部长审批，才能由采购员去采购。

　　可问题出现了。市内好几家五金商店都没有那种螺丝，采购员又跑了几家著名的商场，也没有买到。几天很快就过去了。采购员还在寻找那种螺丝。可是工厂却因为机器不能运转而停产。这还得了，于是，公司的其他管理者不得不介入此事，认真打听事故的前因后果，并且想方设法地寻找修复的方法。

　　在这种"全民总动员"的情况下，技术科才拿出机器生产商的电话号码。于是，采购员就打电话问厂商哪里有那种螺丝钉卖。对方却告诉他"你们那个城市就有我们的分公司啊。你去那里看看，肯定有。"半个小时后，那家分公司就派人上门送货来了。问题解决的时间就那么短。可是寻找哪里有螺丝钉，就用了一个星期，而这一个星期公司已经损失了上百万元。

很快，工厂又恢复了正常的生产运营。在当月的总结大会上，采购科长将这件事情又重新提了出来，他说："从这次事故中，我们很容易就能看出，公司某些工作人员的责任心不强。从技术科提交采购申请，再经过各级审批，到最后采购员采购，这一切都没有错误，都符合公司要求，可是这件事却造成这么重大的损失，问题在哪里？竟然是因为技术科的工作人员没有写上机器生产商的联系方式，而其他各部门竟然也没有人问问。"就因为这么一个小小的电话号码，实实在在地阻碍了生产，为公司造成了上百万元的损失！公司内部员工的一时疏忽给团队带来的"杀伤力"如此之大，不禁让领导者在用人上要慎之又慎。一个粗心大意的员工漏掉一个电话号码，就可能让一个团队瘫痪。这样"身价百万"的员工，恐怕是谁都请不起的。

见微知著的"察人术"引申到现代的企业管理上，就是要注意细节。在企业的日常运作中，发生得最多的还是细节性的小事，惊天动地的大事毕竟只是少数。作为企业领导者，要学会见微知著，从细节处考察人才，方能防患于未然。

培养中层管理者有技巧

培训方法的好坏，直接关系着培训的质量。如何培育人才，不能仅靠管理者的意愿，想怎样就怎样，必须让中层管理者能表现他的才华，并借此提高他的工作能力，以完成指定的工作目标。更重要的是，要以更具效率的方式来培育人才，才是管理者网罗人才的重点。

1. 理论培训

尽管中层管理者当中有些已经具备了一定的理论知识，但总体上还需要在深度和广度上接受进一步的培训。理论培训是提高中层管理者管理水平和理论水平的一种主要方法，这种培训大多采用短训班、专题讨论会等形式，时间都不是很长，主要是学习一些管理的基本原理以及在某一方面的一些新进展、新的研究成果，或就一些问题在理论上加以探讨等。

理论培训有助于提高受训者的理论水平，有助于他们了解某些管理理论的最新的发展动态，有助于在实践中及时运用一些最新的管理理论和方法。

为了能够尽可能地理论联系实际，提高受训者解决实际问题的能力，我们可借鉴德国一些培训中心的做法。他们在对中层管理者进行培训时，实行一种称之为"篮子计划"的方法。即在学员学习理论的基础上，把一些企业中经常遇到并需要及时处理的问题，编成若干有针对性的具体问题，放在一个篮子里，由学员自抽自答，进行讨论，互相启发和补充，以提高对某一个问题的认识和处理能力。

2. 设为副职

为了更为密切地观察受训者的工作情况，可以将其设为副职。这种副职常常以助理等头衔出现。有些副职是暂时性的，一旦完成培训任务，副职就被撤销，但有些副职则是长期性的。无论是长期的，还是临时的，担任副职对于接受培训的中层管理者来说都是很有益的。

这种方法可以使配有副职的中层管理者很好地起到教员的作

用，通过委派受训者一些任务，并给予具体的帮助和指导，培养他们的工作能力。而对于受训者来说，这种方法又可以为他们提供实践机会，观摩和学习现职中层管理者分析问题、解决问题的能力和技巧。

3. 提升

有计划地提升是常见的培训方式之一。它是按照计划好的途径，使中层管理者经过层层锻炼，从低层逐步提拔到高层。这种有计划地提升，不仅管理者知道，而且受训者本人也知道，因此不仅有利于上级对下属进行有目的的培养和观察，也有利于受训者积极地学习和掌握各种必备知识，为将来的工作打下较为扎实的基础。

当有人度假、生病或因长期出差而出现职务空缺时，组织便可以指定某个有培养前途的下级中层管理者代理其职务，这样，就可以使用临时提升的办法来考察并提高下属的能力。临时提升既是一种培养的方法，同时对组织来说也是一种方便。代理者在代理期间做出决策和承担全部职责时所取得的经验是很宝贵的。与此相反，如果他们只是挂名，不做决策，不真正进行管理，那么在此期间得到的锻炼是很有限的。

4. 进行职务轮换

职务轮换是使受训者在组织内部不同部门的不同主管位置或非主管位置上轮流工作，以使其全面了解整个组织的不同的工作内容，得到各种不同的经验，为今后在较高层次上任职打好基础。职务轮换包括非主管工作的轮换、主管职位间的轮换等。

（1）非主管工作的轮换主要是在组织的第一线进行的。目的在于使受训者了解组织最基层的各类业务活动；了解这些活动的基本特点、基本过程；了解基层非中层管理者的工作情况和精神状态。这种轮换的时间一般不要求太长，参加轮换的人多为刚从组织外部招聘来的人员。

它的优点是通过轮换，中层管理者可以对组织内的各类业务活动有所了解，密切同其他成员的关系，为今后在岗位上从事管理工作打下一定的基础。缺点是这种方法在时间上不易掌握，时间长了费用太大，而且也会影响受训者的情绪；时间短了，犹如走马观花，不容易了解和把握各类业务活动的实质。

（2）主管职位间轮换是在组织内的同一层次上的不同部门的主管职务上进行的。这种轮换的目的是使将要提拔到较高层次的中层管理者，在不同的职务上根据各部门的不同特点，学习实际的管理经验。这种方法不要求中层干部对部门活动有很深的了解，而是强调全面管理技能的提高，使他们积累在不同管理部门的经验，以胜任较高层次上的管理工作。

这种轮换的优点是可以开阔中层管理者的视野，了解各部门的特点及其相互关系，培养全面综合管理能力；同时，也可以从中考察他们的适应能力和实际的管理能力。缺点则是这种轮换会影响各个部门的相对稳定性。

（3）事先未规定的主管职务间轮换也是在同一层次内进行的，与前一种轮换的不同在于，它事先并未规定到哪个主管位置上轮换，也没有规定时间长短，而是根据受训中层管理者的具体情况，来决定其到哪个部门和时间的长短。

除了以上介绍的方法之外，还有许多具体的方法，例如辅导、研讨、参观考察、案例研究、深造培训等等。总之，组织各部门在具体的培训工作中，要因地制宜，根据自己的特点以及所培训人员的特点来选择合适的方法，使培训工作真正取得预期的成效。

第四章

辨识具有"将帅之能"和"使用之能"的人才

培养你的左膀右臂

管理者要想卓有成效地开展工作,就必须有得力的助手。因此,培养自己的左膀右臂就成了管理者的一项重要工作。只有培养出得力助手,管理者的各项工作才能顺手。

1. 培养一个能弥补管理者弱点的人为右臂

成为管理者右臂的条件,首先是这种人能弥补管理者的弱点。比如管理者认为自己的财务能力较弱,应找一位懂行的人;如果认为自己的人事能力弱,应找一位在这方面有能力的人。总之,管理者和已成为管理者右臂的人,应该是相互取长补短的关系。

无论多小的公司,管理者都是一城之主,管理者与助手之间保持正常的人际关系是很困难的。有很多这样的例子:起初经理到处说他找到了非常可靠的人，可是遇到某件事后，又贬低说那人不行，只不过靠工资吃饭而已。

由此可见，能成为管理者右臂的人，必须与管理者的性格相投。好多人没有被人使唤或命令的体验，总为一点点小事动不动就发脾气，认为别人没有把他放在眼里；自以为应由他做主的事，如果没有经他允许就格外生气。因此，作为管理者右臂的助手，必须是能理解管理者感情变化的人，而管理者也能在某种程度上加以自控，相互让步，才能很好地配合。

2. 培养一个能发挥管理者长处的人为左膀

成为管理者左膀的第一个条件是，能辅助管理者开拓经营最得意的领域。作为管理者右臂的人应能弥补经理的短处，而成为管理者左膀的人则是能辅助管理者发挥长处，或能代理管理者工作。管理者应将日常业务工作尽量委托给他干，自己腾出时间考虑公司将来的发展。所以，能成为管理者左膀的人，最好是能发挥管理者长处的人。

左膀和右臂的作用正好相反，两人之间的关系如搞不好，则难以合作。合作得好，就能成为好搭档；合作得不好，反而会制造麻烦。因此，成为管理者左膀的人，他的人品和性格相当重要。如果作为左膀者认为右臂比自己强就加以排斥，那就不好相处了。如果成为管理者左膀者保持谦虚的态度，支持右臂者的工作，事情就好办了。

3. 通过下达特命事项，了解候选干部的潜力

对候选人员，管理者应该亲自下达特命事项。通过下达特命事项，能了解候选人员的潜力。开始时某些管理者认为没有什么

了不起的人，后来却崭露头角。相反，有些原来认为很优秀的人经过几次考验后，又觉得并不像想象的那样。也就是说，管理者对候选人员的任用应该慎重。

通过执行特命事项，肯定会出现有潜力、崭露头角的人。这样的人哪怕只发现一个，也是很有好处的。如向他们下达特命事项，该人与管理者的交流机会自然会多些。通过这样的互相接触，该人在管理者的影响下，会不知不觉地成长起来。在育人方面最重要的是人格的影响力。这种影响力越大，育人的成功率越高。

如放任自流地等待，自然成长是不会成功的。有了相应的土壤，但不施肥是不行的。尤其对候选干部，必须有这样的设想：让候选人员明确目标，然后通过自己的努力和充分利用公司所提供的各种机会成熟起来。

4. 第一标准是忠实

管理者的"化身"，就职务来说，是在公司里担任要职的人。选拔"化身"的标准是什么呢？根据各公司的不同情况和管理者的不同想法，各有不同。但作为一般标准，多数都把"忠实"放在首位。

某公司的管理者同时培养了两个人作为自己的接班人，让他们互相竞争。A年轻，头脑敏捷，认为他是下任管理者的呼声很高。他本人也意识到了这一点，因而不时流露出自己是下任管理者的言行。B的头脑并不那么敏捷，可人很忠厚。他总是维护A的利益，从他平时的微妙言行中可以看出他也认为下任管理者就是A。但出乎意料的是，管理者挑选的接班人不是A，而是B。

原来，在选择A还是选择B的问题上，管理者费尽了心思，他认为如果选择 A，公司会大踏步地实行经营改革，也许会发生意想不到的变化，但如果遭到失败，结果也是惨痛的。如选择 B，他为人稳重，公司不会有很大发展，但也不会因为经营失败而带来惨痛的结果。因此，最后他选择了 B。

提拔工作业绩出色的人

用人的方式多种多样，可以从外界招聘人才，但更重要的是从内部发掘一批潜在精英。要知道提拔比招聘的代价要便宜 100 倍。卡耐基指出提升是对员工卓越表现最具体、最有价值的肯定方式和奖励方式，提升得当，可以产生积极的导向作用，培养向优秀员工看齐和积极向上的企业精神，激励全体员工的士气。因此，老板在决定提升员工时，要做最周详的考虑，以确保人选合适。提升还应讲求原则，不能凭个人的喜好而滥用老板大权。

什么是提升依据呢？过去工作业绩的好坏，这是最重要的提升依据，除此以外的其余条件全是次要的。因为一个人在前一个工作岗位上表现的好坏，是唯一可以用来预测他将来表现的指标。切忌根据个人的个性，以及你是否喜欢他的性格作为提升依据。提升不是利用他的个性，而是为发挥他的才能。这也是最公正的办法，不但能堵众人之口，服众人之心，而且能堵住后门，让众多的"条子"失效，避免陷于员工间的钩心斗角之中。

这个道理虽然简单明了，可是许多人却往往做不到，主要是我们爱跟着感觉走，被表面的现象欺骗，以致失去了判断力。在很多时候，提升一个人是因为他同管理者脾气相投，管理者喜欢他的性格。比如管理者是快刀斩乱麻的人,他就愿意提升那些干脆利落的员工;管理者是个十分稳当、凡事慢三拍的人,他就乐意提升谨慎万分的员工;管理者是个爱出风头、讲排场、好面子的人,他就不喜欢那些"迂"的人。这是一个误区。

另外,还有一点,管理者普遍喜欢提升性格温顺、老实听话的员工,而对性格乖僻、独立意识较强的员工不感兴趣。这样提升的结果,很可能是用人失当,被提升者虽然很听话,投主管脾气,也"精明强干",工作却搞不上去。这样做不仅浪费了一批人才,还使一些性格不合管理者意而有真才实学的人"报国无门"。

所以,管理者在提升员工时,必须切记:你喜欢他的个性也好,不喜欢也好,他个性乖戾孤僻也好,温顺柔和也好,都不必过多地考虑,而应把注意力集中在他们以前的工作业绩上,谁的工作业绩好,谁就是提升的候选人。因为,企业需要的是实干家而不是空谈家,空谈而无业绩者何用?怎样判断一个人是空谈家还是实干家,方法不过是让谈话者去干实事。

现代的多数企事业单位招聘人才大都有一个试用期,试用期满,老总就会对员工的成绩做一个评价,能够留下来的当然是为管理者所满意的,被认为是人才的员工;有时,管理者还会从其中的特别优秀者中选出一部分委以重任。这便是管理者以政试之、察其真才的做法。

有时,管理者没必要让所有的人都去做相类似的事情,而是让较为器重的人才去做特定的事,看他们的处事技巧,从而判断其是大才还是小才。这一部分人往往是领导考察的对象,如果令管理者满意,极有可能成为接班人。而管理者要选择接班人更要谨慎行事、委之以政、时时考察。往往选择接班人的结果如何，恰恰反映了一个管理者的识才能力，是一个管理者有无识才艺术的标准。

另外，管理者在提拔人才时还必须做到提拔依据公开化。

提拔结果直接关系到企业团队建设，影响到企业的人气，所以必须搞好提拔工作。管理者在决定提拔员工时，要做最周详的考虑，以确保人选的合适。

提升还应讲求原则，不能凭个人的喜好而滥用管理者职权。还有，提拔是一个长期观察被提拔者之后的必然结果。如果盲目地提拔，可能导致察人不全，从而没有充分发现他存在的不足，这样的提拔必然导致人力和财力的浪费，所以提拔不可过急！

论资排辈选拔管理人才，只能压制人才、鼓励庸才。然而，随便打破管理人才提升的常规，提拔的人太多，升迁速度太快，亦有弊端。如果升迁太快，则无从考察业绩；有的人因升迁太快，没有足够的时间积累知识和经验，不利于人才的锻炼成长；刺激升迁欲望，还会助长职务上的攀比之风。有的人一心想往上爬，无心做事，这山望着那山高，在一个台阶上还没有站稳，就想"挪挪窝"。要避免这种状况，就必须严格控制超前升迁。

因此，晋升职务最好不要超过一个级层，尽量不要越级提升。另一方面要采取一系列过渡措施，让人才有相当程度的曝光，提高人才的威信和知名度。比如指派他完成公司最为艰巨的任务，让其展示才能；让他在公司各种会议上扮演重要的角色等等。管理者要让人才明白，虽然他是很有才能的，但是在一个组织内，任何晋升都必须等待适当的时机。

察贤识才的三个标准

懂得贤才的重要性是任用人才的第一步,接下来还需要一个"察贤"的过程,即正确地识别人才,这是重视和任用人才的前提条件。作为杰出的政治家,吕不韦深谙"尚贤为政之本"的道理,作为一国之相,他深知人才对治国的重要性。吕不韦以政治家的眼光,总结历史经验教训,把得贤人与得天下直接联系起来,从国家兴亡的高度提出尚贤的重要性。

他在《吕氏春秋》中写道:"身定,国安,天下治,必贤人。""得十良马,不若得一伯乐;得十良剑,不若得一欧冶;得地千里,不若得一圣人。舜得皋陶而舜受之,汤得伊尹而有夏民,文王得吕望而服殷商。夫得圣人,岂有里数哉?"要求国家的统治者把尚贤作为基本国策。吕不韦的这些观点和做法,都显示了他对人才的推崇。

吕不韦所处的时代是个群雄争霸的时代,在这种残酷的竞争中,人才的重要性和巨大作用更加凸显出来。对此,吕不韦借助《吕氏春秋》提出了"察贤"的三个标准。

第一,《吕氏春秋》使用了许多概念,如圣、贤、士、能等,从这些概念看,吕不韦心中的"贤人"都是一些品德高尚的能人,也就是德才兼备之人。

第二,《吕氏春秋》指出:"凡举人之本,太上以志,其次以事,其次以功。三者弗能,国必残亡。"吕不韦将心志、做事、功劳三者作为举人之本,这个标准把德才兼备具体化了,延伸到了做事的能力和政绩等。

第三,《吕氏春秋》明确地提出了"八观六验"和"六戚四隐"

的内观和外观标准。所谓"八观六验",就是"凡论人,通则观其所礼,贵则观其所进,富则观其所养,听则观其所行,止则观其所好,习则观其所言,穷则观其所不受,贱则观其所不为。喜之以验其守,乐之以验其僻,怒之以验其节,惧之以验其特,哀之以验其人,苦之以验其志。八观六验,此贤主之所以论人也"。

具体意思是:

(1)在他通达、过着很顺利的日子时,要注意看他礼遇的是些什么人。

(2)在他显贵、发达时,要注意看他举荐些什么人。

(3)在他富贵时,要注意看他供养、收养些什么人。

(4)在他听取意见时,要注意他将采取些什么行动。

(5)在他闲暇无事时,要注意看他有什么喜好和嗜癖。

(6)在与他探讨问题时,要注意他说些什么话、怎样说话。

(7)当他贫穷时,要看他不接受什么东西。

(8)当他处在下贱阶层时,要看他绝对不做什么事情。

以上是"八观"的主要内容。

(1)当他高兴时,要检验他有没有过分的表现、所恪守的事情有没有因此而放松。

(2)当他快乐时,要看清他的癖好。

(3)当他发怒时,要看清他的节制,能否保持理性。

(4)当他恐惧时,要看清他是否保持着足够的自制力。

(5)当他哀伤时,要看清他为何哀伤,透过这种哀伤能否看到他的仁慈之心。

(6)当他处于苦难当中时,要看清他这时所秉持的始终不渝的志向。

以上是"六验"的主要内容。

除了"八观六验",吕不韦还说:"论人者,又必以六戚四隐。何谓六戚?父母兄弟妻子。何谓四隐?交友故旧邑里门郭。内则用六戚四隐,外则用八观六验,人之情伪贪鄙美恶无所失矣,譬之若逃雨污,无之而非是。此圣王之所以知人也。"所谓"六戚四隐"的标准就是:鉴定一个人的品质,除了要有以上标准之外,还要听取他六类亲戚、四种接近他的人对他所做的评价。六类亲戚是:父、母、兄、弟、妻、子,四类接近他的人是:朋友、老相识或同事、乡亲和邻居。这些人代表了他不同时间、生活侧面和生活空间内对他最为熟悉的群体,所发表的看法和见解也必然是最为客观、全面而公正的。

综观以上三个识人标准,标准一是综合的理性标准,核心即德才兼备。标准二是理性标准的具体化,侧重于具体操作。标准三是从内、外两个不同方面识别考察人才,侧重于方法论。应该说,这三个标准构成了一个完整的考察体系,吕不韦在当时的历史条件下,能够提出按照这一标准体系识别考察人才,的确是难能可贵的。

古语说:知人善任。作为一名领导者,不了解一个人,就无法决定能否对他委以重任。只有了解了他,才能最大限度地发挥一个人才的能力和作用,或者识破一个奸伪之徒的本来面目,避免影响整个管理工作的顺利进行。由于了解人才、选择人才是关乎一个企业兴衰成败的关键因素,所以在人才管理上,现代企业管理者有必要借鉴吕不韦的"察贤论",掌握科学的识人方法,凭此获得更多真正优秀的人才。

优秀的人也会犯错

德鲁克说:"越优秀的人越容易犯错误,因为他经常尝试新的事物。"德鲁克认为,不犯错的人必然不是最优秀的人,犯错是优秀人才成长中的必然现象。管理者应该容忍失败,失败往往是创新的开始。企业的成功不是从天上掉下来的,而是从失败中、从创新中来的。

时代华纳公司已故的总裁史蒂夫·罗斯曾说过:"在这个公司,你不犯错误就会被解雇。"硅谷流传的名言是:"失败是可以的。""允许失败,但不允许不创新。""要奖赏敢于冒风险的人,而不是惩罚那些因冒风险而失败的人。"这些鼓励创新、允许失败的言论已经成为一种理所当然的创新理念。美国商业机器公司的一位高级职员,由于工作的严重失误,造成公司高达1000万美元的巨额损失。这位高级职员为此寝食不安,异常紧张。许多人建议董事长给他撤职开除的处分。

董事长将这位高级职员找到办公室来,通知他调任同等重要的新职。这位高级职员感到万分意外,问:"为什么不将我开除,至少降职?"

董事长答:"要是那样做,岂不是在你身上白花了1000万美元的学费?"

后来,这位高级职员在以后的工作中兢兢业业,以惊人的毅力和智慧,为公司做出了卓越的贡献。

有一次董事长提起这件事时说:"一时的失败是企业家精神的一种'副产品',如果给予信任,他的进取心和才智可以大大地被激发出来,完全可以超过未受过挫折的人。"日本富士公司从1988年就开始实施"关于事业风险投资与挑战者的纲领计划"。如果员工的新事业构思被公司采纳,公司和提出人就可以共同出资创建新公司,并保证给予3年工资,假如失败了,仍可以回到公司工作。对于新创立的公司,富士公司不但给予资金支持,还给予其他资源支持。

对于优秀的人才来说,挑战和创新才是工作的常态,没有人喜欢在一个不允许失误的环境中工作。而员工能力的发挥和潜力的挖掘需要一个宽容的工作环境。只要管理者能够鼓励员工冒险,并允许失败,员工一定会用出奇的创新来回报企业。而企业的成功就是在创新成果不断叠加的基础上获得的。3M是一个经营着6.7万多种产品的百年老字号。每年开发的新产品多达200多种,几乎每隔一至两天就有一项新产品问世。其产品推陈出新的能力令人称奇,它总能以领先于他人的速度不断开拓新的技术领域。强大的产品更新能力为3M保持优良的成长能力打下了坚实的基础。

3M公司的管理者知道在成千上万个构思中最后成功的只是凤毛麟角。公司里对此有一个很形象的比喻"亲吻青蛙"——为了发现王子,你必须与无数只青蛙接吻。"亲吻青蛙"意味着经常会失败,但3M公司把失败和走进死胡同都作为创新工作的一部分。他们奉行的哲学是如果你不想犯错误,那么什么也别干。

"只有容忍错误,才能进行革新。过于苛求,只会扼杀人们的创造性。"这是3M公司的座右铭。成功者受到奖励、重奖,失败者也不受罚。3M 公司董事长威廉·麦克唐纳说："企业主管是创新闯将的后台。"3M 公司努力创造轻松自由的研究开发环境。如果你的创造性构思失败了，那也没关系，你不会因此而遭到冷嘲热讽，照样可以从事原来的工作，公司依然会支持你的新构思的试验。失败是一本大书，研究透了为什么会失败，也就找到了成功的窍门。只有那些经得起失败，能从失败中奋起的员工才是最优秀的人、企业最需要的人，才能引领企业走向辉煌。

让年轻人扛起重任

年轻人是企业发展的源头活水。大胆提拔年轻人，为企业的管理层注入新的活力，使员工的积极性大大提高。这样的企业才容易形成蓬勃发展之势。美国钢铁公司是一个过分注重资历的公司，这让年轻的管理人才都止步不前。即使是一个精通业务的人员，在该公司若想晋升为一个小厂的厂长，也必须在每个职位上各待上 5 年的时间。因此，该公司各分厂的监督人员，一般都在 55 岁以上；公司的资深主管，也都是些 60 多岁的人。

年轻人要想在美国钢铁公司出人头地，只有耐性十足地遵守年长主管所制定的陈规旧章。这些年长资深的主管，自己不思变革，同时又不让有才能的年轻人升迁，成了公司发展的绊脚石。那一年，当美国钢铁公司每卖出一吨钢要亏损 154 美元时，罗德里克终于意识到公司陷入了困境，他焦急万分。

在万般无奈的情况之下，罗德里克不惜重金聘来经营高手格雷厄姆，格雷厄姆以创新的经营手法挽救企业危机而在美国钢铁业界颇具盛名。当美国大多数钢铁业老板们为了须筹借数以百万计美元的经费才能提高生产力而伤脑筋时，格雷厄姆却能不费分文，靠着激励经理和工人而大幅度提高了生产效率。

公司大胆地裁减资深位高、傲慢自大、神气活现、一事无成的主管，提拔年轻骨干人才，使所有员工敢于负责，格雷厄姆把公司从死亡线上拉了回来。他认为广告对于增加铜铁销售量的作用不大，于是他将负责广告的人员从30人裁减到5人。同时，他认为54人的外销拓展部门的业务发展希望渺茫，而25人的经济预测小组做的是不切实际的工作，因此他将这两个单位予以解散。更重要的是，他废除了四至六层的管理阶层，以减少重叠的组织机构。

经历了一系列的改革后，员工的积极性大大提高，各级主管年轻有为，公司业务迅速发展，市场占有率大幅回升，取得了令同行不可思议的成绩。"我劝天公重抖擞，不拘一格降人才"，这句古话不仅是对古代君王用人的一种力荐，更是对现代企业管理中人才战略的一种劝告：现代的企业管理者在择人用人时一定不能循规蹈矩、论资排辈，要敢于起用年轻干部，对有特殊才能的卓越人才大胆委以重任，只有这样，才能让企业因为年轻人的锐气而充满积极向上的活力。

在华为，不但有工作7天就被提升为工程师的新人，还有19岁的高级工程师。即使那些较大的科研项目，华为也可以放心大胆地任用年轻人挂帅。在华为，曾经有个让年仅25岁的大学毕业生来领导500多人的中央研究部的事例。

对于这件事，任正非的态度是：年龄小压不垮，有了毛病，找来提醒提醒就改了。正是这种不受传统观念束缚,不论资排辈,不拘一格,放开手脚大胆任用的用人理念,使得华为内部形成了奋勇向前、极具活力的氛围,给每一个员工都提供了很大的发展空间和无数的成长机会。

在企业管理中,很多企业家认为年轻人做事浮躁,于是把年龄作为起用人才的一项重要标准,以此来降低用人风险。而事实上,年轻人也有很多长者不具备的优点和特长:他们年轻有朝气、想法新奇独特、接受新鲜事物的能力强;他们敢作敢为、敢打敢拼,且头脑单纯,并不工于心计,也不受那么多条条框框的约束,因此很有可能干出一番大事业。

企业在选拔人才时,要注意以下三点:首先,要坚持在长期的全面的实践中选拔,不能在短时间内,甚至凭一时一事的印象就下结论。其次,要以现实的实践为主,历史的实践为辅选拔。近期的和现实的实践能够比较准确、比较全面地反映人才的各方面情况。最后,要以实效作为判断和评价人才的主要依据。所谓重实效,就是重业绩、重实干、重贡献。

表里如一的人值得信任

管理者不能被下属的外表弄花眼,而应由表及里,抓住他的本质,这样才能选准下属。

对一个人的第一印象,往往是从服饰和仪表上得来的,服饰是一个人的身份和个性的象征。毕竟,要了解一个人的内在美,需要一个长期的过程，只有仪表能一目了然。

　　一个应试者衣装得体自然会令老板赏心悦目，但华丽的外表未必能说明应试者能力的高低。企业需要的是人才，而不是时装模特或电影明星。在用人的实际过程中，有些管理者往往被下属的外表和漂亮的言辞欺骗，委以重任，结果是"一粒老鼠屎坏了一锅汤"。因此，不以表取人，而以才用人是管理者必须掌握的识人原则。

　　一个成熟的管理者应避免"第一印象"误导自己的判断，识人立足于长远，立足于生活观察，立足于工作绩效，切忌情绪用事，以表取人，以貌取人。

　　"人，都戴着一副假面具。"这是心理学家荣格的话，意思是说人都具有自己的实像和虚像，虚像是给人看的，体现真面目的实像却不易显露。从某种意义上讲，人或多或少都不同程度地带有双重人格。例如，有人平时通情达理，可醉酒后便出言不逊，胡搅蛮缠，尽管他醒酒后一再致歉，后悔不迭，其实他酒后之态才是他的真实面目。用人者对下属一定要透过现象看本质，不要被假象迷惑。

　　衡量一个人是不是人才主要看他身上深层次的、相对稳定的东西，也就是通常所说的本质。现象是人的外在表现，它是表面的、易变的，是可以被人的感官直接感知的；而本质却是隐蔽的、内在的，不易被人看见的。当然，本质和现象之间也存在着相互联系依存的关系。一般情况下，沉稳之人显得安静，公正之人表现耿直，廉洁者表现高洁，好利者往往多求，卑贱者常常谄媚。

人才是组织向前发展的前提，然而人才又是很难识别的。正如陈云所说："了解人要了解得彻底，不是容易的事，严格地讲是很难的。"对人的认识往往要比对其他事物的认识复杂得多，这不只是因为人的个性千差万别，人的社会存在、社会关系以至人本身始终处于发展变化之中，而且人以种种假象掩饰其本质的能力最强。因此，怎样把真才实学与滥竽充数、踏实肯干与投机钻营、贤能与平庸区别开来，从而保证真正的人才得到使用，这是古今中外的管理者都在潜心研究的问题。

通常情况下，认识人的本质有三大难点：一是易失度，一个人的全部历史表现长达十几年或几十年，且是多方面功过掺杂，使人很难准确全面地把握。二是易被惑，人的品德和外表往往不一致，且被识者是随着外部环境的变化而不断变化的，这种变化表现为大量现象，而将本质深藏于现象之后，"有温良而伪诈者，有外恭而内欺者，有外勇而内怯者，有尽力而不忠者"。若察之失准，用之则受骗上当。三是难在识才者的素质差别上，在同一标准和条件下识人，由于管理者个人素质、能力的差别和认识的狭隘性，往往会出现仁者不见仁、智者不见智的情况，甚至发生误将人才当庸才的事件。

三国时期诸葛孔明精于用人之道，他提出了几种识人方法，对后世产生了很大的影响，即"问之以是非而观其志，穷之以辞辩而观其变，咨之以计谋而观其识，告之以祸难而观其勇，醉之以酒而观其性，临之以利而观其廉，期之以事而观其信"。这段话是说，辨识人才应当向他提出矛盾的观点，看他的辨别能力和志向；同他反复辩论一个问题，看他的机智应变能力；请他出谋划策，看他运筹帷幄的能力；告知他濒临的危险，看他的勇气和牺牲精神；用酒把他灌醉，看他酒后的言论和真性情；让他有利可图，看他是否廉洁奉公；将要事托付于他，看他是否讲求信誉。

第五章

过滤一些无用之才

失败从任用庸才开始

综观失败的企业,其失败都是从任用庸才开始的。美国著名历史学家诺斯古德·帕金森通过长期调查研究,写了一本名叫《帕金森定律》的书,他在书中阐述了机构人员膨胀的原因及后果:一个不称职的官员,可能有三条出路。一是申请退职,把位子让给能干的人;二是让一位能干的人来协助自己工作;三是任用两个水平比自己更低的人当助手。

这第一条路是万万走不得的,因为那样会丧失许多权力;第二条路也不能走,因为那个能干的人会成为自己的对手;看来只有第三条路最适宜。于是,两个平庸的助手分担了他的工作,他自己则高高在上发号施令。两个助手既然无能,也就上行下效,再为自己找两个无能的助手。如此类推，就形成了一个机构臃肿、人浮于事、相互扯皮、效率低下的领导体系。

这就是企业失败的根源。要想避免帕金森定律发生，企业管理者应该拓展胸怀，从公司的利益出发，真正起用比自己更为优秀的人才。美国钢铁大王卡内基的墓志铭是："一个知道选用比他本人能力更强的人来为他工作的人安息在这里。"这句话对有效的管理者来说，是最极致的赞扬，也是最好的原则。

卡内基虽然被称为"钢铁大王"，但他是一个对冶金技术一窍不通的门外汉，他的成功完全是因为他卓越的识人和用人才能——总能找到精通冶金工业技术、擅长发明创造的人才为他服务，比如说任用齐瓦勃。

齐瓦勃是一名很优秀的人才，他本来只是卡内基钢铁公司下属的布拉德钢铁厂的一名工程师。后来，当卡内基知道齐瓦勃有超人的工作热情和杰出的管理才能后，马上就提拔他当了布拉德钢铁厂的厂长。在厂长的位置上，齐瓦勃充分发挥出了自己的才干，带领布拉德钢铁厂走向了辉煌。卡内基骄傲地说："只要我想要市场，市场就会是我的。"几年后，表现出众的齐瓦勃又被任命为卡内基钢铁公司的董事长，成了卡内基钢铁公司的灵魂人物。

企业的生存、发展离不开人才，一个成功的企业家要善于寻找比自己更强的人才来为自己服务。汉高祖刘邦在取得天下之后说："论运筹帷幄之中，决胜千里之外，我不如张良；论镇服国家，安抚百姓，源源不断地运用粮草，我不如萧何；论统兵百万，战必胜，攻必克，我不如韩信。这三个人是当今的豪杰，我能把他们争取过来，委以重任，而项羽只有一个谋士范增，尚且疑忌不用，所以才为我所灭。"

这就道出了管理者最重要的责任是善于用人，而不是和属下比谁更有能耐。福特就是因为犯了这个毛病才白白损失了一员不可多得的大将，给了对手重振雄风的机会。

海纳百川，有容乃大。妒才是管理者大忌。那些时常害怕下属超越自己、抢自己风头而对功高盖主者施行严厉打击的管理者是很难取得成就的，因为他总是缺少比自己更有谋略的人的协助，而仅靠一个人的能力和智慧是不可能将企业做大做强的。

管理者的职责是招募到比自己更强的人，并鼓励他们发挥出最大的能力为自己服务。这本身就已经证明了你的本事，同时不费吹灰之力就可以让自己的事业大风起兮云飞扬，在这个过程中最占便宜的还是管理者自己。企业的失败是从任用庸才开始的，同样，企业的辉煌是因为任用了更为优秀的人才而取得的。

好成绩不等于好人才

弗斯·贝里是西班牙人，被誉为巧克力之父。他一生几乎没进过学校，然而凭着灵活的头脑，他使世界上许多经营巧克力的人都败在他手下。现在他的乔治王巧克力公司资产达98亿美元，名列世界同行业第一。

乔治王巧克力公司获准登陆中国的消息刚刚发布，该公司总部就收到来自中国的400多份电子自荐信，其中绝大多数都是即将毕业的大学生发来的，他们希望进入该公司的中国分公司工作。

弗斯·贝里获知此事非常高兴，但他在阅读这些自荐信后，却不免有些犹豫起来。因为在这400多份自荐信中,有300多人的各科学习成绩都在90分以上,并且有80%以上的学生曾担任过学生干部,从老师写的评语看,每个学生的在校表现也都是尽善尽美。弗斯·贝里并不是怀疑自荐者的诚信,他只是觉得仅凭这些还不能确定谁有资格进入他的公司,必须再测试点其他东西。于是,一份别具一格的问卷,被以回执的形式发回自荐者的信箱。内容如下:

请你用一句最简洁的话,回答下面4位著名人士到底在说些什么。

1954年4月2日,苏黎世联邦工业大学邀请爱因斯坦回母校演讲,爱因斯坦在演讲中说了这么几句话:我学习成绩中等,按学校的标准,算不上好学生,不过后来我发现,能忘掉在学校学的东西,剩下的才是教育。

1984年10月6日,诺贝尔物理奖获得者丁肇中回母校清华大学演讲。在接受学生提问时,他说了这样一句颇耐人寻味的话:据我所知,在获得诺贝尔奖的90多位物理学家中,还没有一位在校时经常考第一,经常考倒数第一的倒有几位。

1999年3月27日,比尔·盖茨应邀回母校哈佛大学参加募捐会,在被问到是否愿意回母校继续学习,拿到哈佛毕业证书时,盖茨笑了一下,没有回答。

2001年5月21日,美国总统布什返回母校耶鲁大学,接受荣誉法学博士学位。由于当年他成绩平平,在被问到现在接受这项荣誉有何感想时,他说,对那些取得优异成绩的毕业生,我说"干得好";对那些成绩较差的毕业生,我说"你可以去当总统"。

读过问卷后,接到回执的400多名自荐者纷纷发回了自己的答案。

2003年3月10日,乔治王巧克力公司中国分公司在北京开业,其中有一位大学生因为答案优秀被通知参加开业庆典。

他是这么回答的:学校里有高分低分之分,但校门外没有,校门外总是把校门里的一切打乱重排。一个人实际工作能力的高低,并不能单从学历或以往的考试成绩来判定。事实上受过高等教育的人常常会囿于已有的知识格局,为知识所限,反而无法成就一番事业。汽车大王亨利·福特曾说过一句话:"越好的技术人员,越不敢活用知识。"说的就是这种画地自限,且不能自拔的书呆子型人才。

高学历不等于高能力,好成绩不等于好人才。关键要看人才在实际工作中是否不为知识所限制,踏实苦干,对所学过的知识活学活用,将其转化为一种生产力推动企业的发展。

学历和才干并没有直接关系

学历,是指一个人在学校系统地学完规定课程并掌握相应知识的资历,这由学历资格和学习经历两个部分组成。前者代表一个人学问的功夫程度,后者反映一个人学习的时间长短。两者一般由文凭统一表示,文凭上记载的学习时限和达到的学业程度,就是学习经历和学习资格的凭证。文凭的性质和作用原则上是它认可一种知识和获得新知识的能力。因此,在通常情况下,人们把学历和文凭看成一回事,以文凭代表学历。

由于文凭具有这种性质和作用,所以现代管理者一般把严格的学历要求看作保证人才素质的重要条件。有的公司在人事选拔任用制度上,对学历有明文规定,甚至达到十分严格的程度。

在选拔录用人才时,把学历作为一个条件是应当的,而且也是必要的。但是,如果不从实际出发,竞相制定一些高学历的规定,对学历的要求十分苛刻,甚至以学历取人,大搞唯文凭论,是绝对不能选拔出真正优秀的人才的。古人说:"才华秀出谓之英,胆力过人称之雄。"

仅以文凭取人,推行学历主义,实质是重资格、不重才干,重经历、不重能力,重名、不重实的用人路线。日本管理学家占部都美说:"注重学历,只看毕业时间早晚的形式主义人事工作方法最省事,不需花费精力,但永远无法掌握正确识别人才的能力。"这种学历主义会给知人识人活动带来不良的影响。

有日本企业界"怪杰"之称的堤义明经过20多年的时间,将当初一个业绩平平的西武集团变成了今日堪称日本一雄的西武集团,其成功的重要因素之一,就是他能够"择人任势",使企业内部的各种人才都能最大限度地发挥自己的特长,从而推动企业不断向前发展,创造出一流的效益。

堤义明在用人方面有一个近乎荒谬的观点,就是不愿意取用所谓聪明的人。不盲目相信学历是堤义明用人的一个重要原则。堤义明不重视学历,是企业界人人都知道的事。他曾多次说过:"学历只是一个受教育的时间证明,并不能证明一个人真有实际的才干。"在西武集团,广为流传着这样一个真实的故事。西武集团内一位资深的董事曾经对堤义明说:"我有两个儿子,可以说是一好一坏。堤兄，我打算把那个学习成绩好的儿子送去一家大公司闯天下，那个三流大学出来的，只好交给你去改造啦！"

堤义明痛快地答应了。他让那位董事的"坏孩子"经过西武式的聘用考试，然后分配到一个小部门去从小职员做起。那位做父亲的董事并没有因此而怪堤义明，他认为是自己的儿子不争气，没能分到好的职位，当然不能怨人家不照顾了。

这个"坏孩子"做事还是很认真，他很积极地参加公司内部的在职训练，忠于职守，不断进取上进，过了几年，他竟然坐上部门主管的位置，成为公司上下敬佩的人物。

那位董事为此十分感慨，他没想到自己眼中的好儿子，还在一家大企业里默默无闻，无所作为；而这个三流大学毕业的所谓的"坏孩子"，却在堤义明手下成了企业骨干。能否摆脱学历主义的影响，除了有完善的用人制度做保证外，关键还在于管理者的指导思想。不少优秀的管理者，能够自觉做到重能力不重学历，看水平不看文凭，因而取得用人活动的成功。

学历不等于才干。堤义明用人的成功之处，就在于他让所有的人在进入他的公司后，绝对不以学历、金钱、血缘或他人关系取得晋升机会。可以说，正是堤义明这种独特的用人之道成就了西武集团的辉煌。

用人篇

用其长，避其短

第 一章
人人皆人才，唯大小之分

找到你最需要的人才

美国著名的西华公司（原名萨耶·卢贝克公司）的创始人理查德·萨耶是做小本生意起家的，他的事业发展到后来那么兴旺，连他自己都感到吃惊。

他的成功之处在于他善于发现人才和使用人才。萨耶最初的时候在明尼苏达州一条铁路做货物运输代理业务。做这种业务，有一件令人头痛的事情，那就是有时收货人嫌货物不好而拒收，收不到货款不说，还倒赔运费。萨耶是一个善于动脑筋的人，不多久，他就想到了邮寄这种方式。

出乎意料的是，这一方式竟然非常成功，于是同行都纷纷仿效，大有超越他这个创始人的势头。萨耶意识到必须扩大规模。可扩大规模就得增加人手,去哪里找这样的人呢?

在一个月光皎洁的夜晚,这个人出现了。

他叫卢贝克,到圣保罗购物,没想到迷了路,徘徊在夜色中。

这时,萨耶正好也在月光下散步,他冥冥中觉得这个人会是他的事业伙伴,于是邀请他到自己的小店中休息。

两人一见如故,一席话竟然谈了个通宵。卢贝克非常欣赏萨耶的经营思路,萨耶万分激动,盛情邀请卢贝克加盟,两人一拍即合,"萨耶·卢贝克公司"就在那个夜晚诞生了。

两个人搭档使生意突飞猛进,他们开辟了多种经营渠道,突破了运输代理范围。

他们的生意越做越大,却发现自己已无力管理好公司,因此就想找个人帮他们管理,但是过了好长一段时间他们都没找到合适的人。

突然有一天,萨耶下班回到家时,看到桌子上放着一块妻子新买的布料。

"你要的布料,我们店里多得很,你干吗还花钱去买别人的呢?"他有点不高兴,因为他经营的小店确实有很多同样的布料。

"这种布料的花式很特别,流行!"妻子说。

"就这种布料,也能流行起来?它不是去年上市的吗?一直都不好卖,我们店里还压着很多哩。"

"卖布的这么说的,"妻子说,"今年的游园会上,这种花式将会流行。瑞尔夫人和泰姬夫人到时将会穿这种花式的衣服出场。这可是秘密哦,你不要告诉其他人。"

萨耶感到有些好笑,所谓的流行,不过是卖布的骗人谎言罢了,抬出当地的两位贵妇人，也不过是促销手段罢了，想不到他这样精明的商人，竟有一个这么轻易上当的妻子。

"你真的不能说出去哦。"妻子又强调。

萨耶摇摇头，没当回事，也没有打听那个卖布的人是谁，甚至当萨耶店里积压的那种花式的布料被人买走时，也没有引起他的注意。

到了游园会开幕那一天，果然如妻子所言，当地最有名望的两位贵妇瑞尔夫人和泰姬夫人都穿上了那种花式的衣服，其次是他妻子和其他极少的几个女人穿了，那天，他的妻子出尽了风头。

更奇特的是，在游园会上，每一个女人都收到一张宣传单：瑞尔夫人和泰姬夫人所穿的新衣料，本店有售。

这哪是什么新衣料啊？但萨耶突然开窍了：这一切，都是那个卖布的商人安排的！手段可不同凡响啊！

第二天，萨耶和卢贝克带着宣传单，到那家店去，想看一下那个商人到底是谁。远远的，他们就看见那家店被女人们挤得水泄不通。等他们挤进去时，却看到一张招贴：

"新衣料已售完，新货明日运到。"

那些妇人害怕第二天买不到衣料，都纷纷预付衣料款。伙计一边收钱，一边还假意说："不收了不收了，怕明天到的衣料不够。"

其实，那种布料自去年以来，一直是积压货，整个镇上多得不得了——当然，已经全部集中到那个神秘商人那里去了。商人故意说明天才到货，不过是刺激跟风的女人们，让她们快些交钱，不要挑三拣四罢了。

萨耶和卢贝克一下子对那个商人佩服得五体投地。

"这个人就是我们要找的人,不管他长得高矮胖瘦,不管他是老是少,也不管他是男是女!"萨耶说。

但当他们见到那个商人时,却不禁哑然失笑:那个商人竟然是他们的老熟人路华德——经常和他们做生意的人。

由于没有深交,他们对路华德没有什么印象,可这回仔细一瞧,竟觉得路华德身上具有一种强大的吸引力。萨耶和卢贝克意识到,路华德如今的生意虽然做得比他们两个的小多了,但这个人的才能在他们两个之上,如果不能成为伙伴,日后必然成为他们最强大的对手。

寒暄之后,萨耶和卢贝克开门见山:"我们想请你去做我们公司的总经理。"

"请我?做总经理?"路华德简直不敢相信这个事实,因为萨耶和卢贝克的生意在当地做得太好了。

路华德要求给他三天时间考虑,因为他自己正做着生意,面临着选择。

"当然可以,"萨耶说,"不过,这三天内,你得保证不能到其他公司工作啊。"

"那是肯定的,"路华德笑了,"我还没有那么俏,不会有人找我的。"

事实上,萨耶的担心一点也不多余,因为他们刚刚离开,就有两家化妆品公司登门邀请路华德加盟了。

路华德也是一个守信之人,因为萨耶有言在先,他拒绝了那两家化妆品公司。

出身于市井小店的路华德对萨耶和卢贝克深怀感恩之情,工作十分投入，很快做出卓越的成绩。他和萨耶、卢贝克一起奋力拼搏，公司业务蒸蒸日上，10年时间，公司营业额增长600多倍。

后来，公司更名为西华公司。

如今的西华公司有30多万员工，主营零售业，每年营业额高达70亿美元，在美国零售业中，属于一流成绩了。技能、知识很容易被教会，而才干则不容易被教会。不同职业和岗位所需要的才干各不相同，作为企业的管理者，要想成就大事，就必须找到有才干的人使其为己所用。

用人要合乎原则

安排、任用人才是管理者的基本职能，就是说会用人是管理者必须具备的能力，是衡量管理者是否成熟、是否称职的重要标志。作为一名管理者，要想正确地用人，首先需要了解一下用人的一些基本原则。

（1）正直原则。正直是指管理者在解决下属的问题时，要坚持公平性、合理性的原则。管理者是否公道，对下属的积极性有着非常重要的影响。正直原则要求管理者要对下属一视同仁，不能有亲有疏、有厚有薄。

（2）充分信任。用人不疑是用人的一条重要原则，同时也是一种强大的激励手段。信任原则要求管理者要充分信任下属，大胆放手使用。

（3）激发和鼓励。管理者对下属进行激发和鼓励，能够充分地挖掘出下属的潜力，开发其能力，使其自觉地、最大限度地发挥积极性和创造性，在工作中做出更大的成绩。

（4）适时交流。交流是管理者通过正式的或非正式的形式，与下属进行的思想沟通。它是一种在上下级之间传达思想、观点、情感和交换信息的社会心理过程。

（5）分层管理。分层管理就是管理者按组织层次进行指挥、进行管理。只有按级负责，一级抓一级，才能实现有效的管理。如果不按层次，经常越过直接下属去指挥管理，就会越俎代庖，影响直接下属的工作积极性，从而影响工作，久而久之，还会影响上下级之间的关系。

（6）适当施压。适当施压就是管理者要通过采取各种措施，给下属造成一定的压力，促使其积极而持久地从事工作。

（7）鼓励竞争。管理者鼓励下属之间开展竞争，在用才中引入竞争机制，有利于提高下属的素质，有利于激发下属的内在动力，有利于各项任务的完成。

管理者应当树立以竞争求发展的观念，采用竞争的机制推动工作的完成。用人上的竞争是通过工作竞争锻炼、培养人才，而不是让下属相互之间争夺职位。竞争必须贯彻公平、公开、公正的原则。要加强对竞争的引导，防止竞争的消极面，防止互相拆台和内耗。

（8）认真考评。考评就是采用考察、民主测评等定性、定量相结合的方法，对组织成员的德、能、勤、绩进行评审和鉴定。管理者对下属的考评是必不可少的，这既是管理者的工作职责，又是管理者用人的一门重要艺术。

二流人才也是人才

唐朝大臣韩晃有一次在家中接待一位前来求职的年轻人。此人在韩晃面前表现得不善言谈，不懂世故，脾气古怪。介绍人在一旁很是着急，认为肯定无录用希望，不料韩晃却留下了这位年轻人。韩晃从这位年轻人不通人情世故的短处之中，看到了他铁面无私、耿直不阿的长处，于是任命他"监库门"。年轻人上任以后，恪尽职守，库亏之事极少发生。清代有位将军叫杨时斋，他认为军营中没有无用之人。聋者，可被安排在左右当侍者，可避免泄露重要军事机密；哑者，可派他传递密信，一旦被敌人抓住，除了搜去密信，也问不出更多的东西；腿瘸者，宜命令他去守护炮台，可使他坚守阵地，很难弃阵而逃；盲者，听觉特别好，可命他战前伏在阵前听敌军的动静，担负侦察任务。韩晃、杨时斋的用人故事说明了短中蕴长的道理。在现代社会中善于用人之短的领导也大有人在。用人只要得当，扬长避短，偏才们又何尝不能起到全才的作用呢！

对于人才的标准，领导都能达成共识。比如说，工作主动积极，具有远大的志向，具有创新精神，具有顽强的工作作风。但是，在真正选择人才时，领导很快发现，人的个性是千差万别的，这些美好的品质很难集中在一个人身上。多数人具有工作所需要的某种优点的同时，也存在着一定的缺点，这使领导感到很为难。

人的成长受多种因素的影响和制约，必然有优点也有缺点，从一定意义上说，一个人如果没有缺点，也就没有优点。古代有一首歌谣唱道："骏马能历险，犁田不如牛；坚车能载重，渡河不如舟。舍长以就短，智者是为谋；生才贵适用，慎无多苛求。"

事实上完美的人是没有的,也正是这一缺陷考验着每一位领导用人的才干:一个不合格的老板,只会用人之短,而不会用之人长;一个优秀的老板,则会用人之长,而不过分关注人之短。

全才难得,偏才易寻。企业领导不要把用人的目标局限在寻求全才上,而忽略了对偏才的使用和改造。其实,偏才的合理利用也能起到全才所不能起到的作用。一般说来,偏才有着鲜明的偏执方向:有的偏于言,有的偏于行,有的偏于谋,有的偏于干,等等,不一而足。

用人之长、容人之短,是企业选人用人的一个重要原则。唐代陆贽说:"若录长补短,则天下无不用之人;责短舍长,则天下无不弃之士。"

实际上,长处和短处之间并没有绝对的界限,许多短处之中蕴藏着长处。如有人固执,不随和,但他同时必然是有主见,不会随波逐流的人;有人办事缓慢,不灵活,但他同时往往是有条有理,踏实细致的人;有人性格孤傲,我行我素,但他可能是个有创意的人。

人之长处固然值得发扬,而从人之短处中挖掘出长处,由善用人之长发展到善用人之短,这是用人艺术的精华所在。有些公司领导,让爱吹毛求疵、不讲情面的人去当产品质量监督员,让一些喜欢斤斤计较的人去参与财务管理,让爱道听途说、传播小道消息的人去当信息员,让性情急躁、争强好胜的人去搞销售……结果,变消极因素为积极因素,大家各尽其力,公司效益倍增。

一位教师已经41岁了,刚从外地调回北京,一直没有找到对口单位。一家私营公司在众多应聘者中录取了他。与许多人相比,他回京后一直受失业困扰，如果录取他，他会很珍惜这次机会。年龄大点，反而更踏实，来个研究生说不定哪天就"飞"了。学历虽不高，但他吃过苦，有实践经验，进步不会慢。后来，他果然成为公司的业务骨干。这位教师显然不是一流人才，从年龄、能力各方面来看都不尽如人意，但这家私营公司却破格录取了他，而他最后也真成了公司骨干。

每个单位都有一些条件稍差的职员，管理者千万别把他们当累赘，只要把他们放在适当的岗位，他们就是人才，就是企业的财富。应当提醒的是，领导要注意对偏才进行教育和改造，磨磨棱角，使他们更能适应单位的要求。

其实，改造偏才的棱角如同择菜一样，要弃其短处，扬其长处。管理者的高明之处，就在于长中见短，短中见长，无论长与短都能合理地安排他们，使各类人才优缺互补，相互协作，加强企业的力量。

最大限度地使用人才

用人无非是使用人、利用人、重用人三种。但怎样把握"使用""利用"和"重用"的关系，弄清什么样的人应该使用，什么样的人可以利用，什么样的人可以重用，这是一门很难把握的领导艺术。三国时期的诸葛亮就是一个很善于区别利用人才的人。蒋琬、费祎、姜维都是诸葛亮精心选拔的，是他理政、治军的接班人。蒋琬入蜀初期任丰都县长，刘备下去巡视，适见蒋琬饮醉，不理事，大怒，要杀他。诸葛亮深知其人的能力和德行，便为之说情。刘备敬重诸葛亮，听其言，才不加罪。后诸葛亮提拔蒋琬为丞相府长史，每次出征，蒋琬都能为他提供充足的粮食和兵员。诸葛亮死前，把政事委派给了蒋琬和费祎，军事方面的事务则委托给姜维。诸葛亮死后，蒋琬执政，其人大公无私，胸怀广阔，能团结人，明知时势。蒋琬病危时，荐费祎代之，费祎为人明断事、善理事、知军事，他在任时边境无虞，魏人不敢正窥西蜀。姜维继承诸葛亮复兴汉室之志，屡次北伐，虽无大胜，但魏兵也不能侵入。直到司马昭派大军伐蜀，刘禅昏庸不听姜维派兵扼守阴平之议，邓艾才得以偷渡而直捣成都。

刘备死后，有诸葛亮及其后继者蒋琬、费祎、姜维等辅佐，刘禅这个昏庸之王才得安坐帝位达41年之久。而曹操死后，其子曹丕篡汉，魏立国虽有45年，但早在17年前司马懿就发动政变夺取了曹爽的军权，魏政权已归司马氏，魏名存实亡，魏政权实际存在只有28年。孙权死后，孙亮立为吴帝，吴国内部不和，国势日弱，遂被晋灭，孙权后人掌权只有27年。三国相比，蜀汉政权较稳固，无内部互相倾轧、争权夺利之事，这都是因有德才兼备的贤臣辅佐。每个企业都有人才，只是人才是多面性的，多重性的，单方面具有专长的人才比比皆是，巧妙地利用每个人各自的特长和专长才是领导者应该考虑的问题，这就是利用人才。重用是一种带有战略性的用人抉择，被重用的人要求德才兼备，品格与素质的高低往往决定着这个部门的业绩。重用的恰当与否，通常会对事态的发展产生极其重要的影响。重用和使用是有严格界限的，做领导的要使用大多数的下属去做基础工作，却不能重用大多数人做指挥员；没有指挥员的队伍会群龙无首，会是一盘散沙，指挥员太多，做基础工作的员工太少，就会出现各持己见、互不相让、推诿扯皮、缺乏信任的现象。

　　作为管理者，要最大限度地使用人才。经常考虑怎样才能合理使用本部门在数量上占绝大多数的员工，从而稳住绝大多数人的心，使他们真心实意地为管理者所用。

第二章

举荐贤人，提携成长

贤人首要有好品行

我们都懂得一个道理：出身高贵的人未必德行高尚，出身卑贱的人也未必品行卑劣；出身富贵的人未必知识富有，出身贫贱的人也未必才识拙劣。在人类历史上，曾经轰轰烈烈干出一番事业，做出贡献的人才中有不少都是出身低微的"卑贱者"。因此，出身并不能反映一个人的品德才能，更不能决定他的一生。

管理者必须打破传统观念，以自己的眼光和需要去观察人才，考验人才，这样才能有所作为。相反，如果只是用教条的思路评判下属，那无疑给自己堵死了一条活路，更谈不上求贤若渴了。事实证明，学历主义、论资排辈和唯出身论是影响用人的三大误区。要正确识人用人，要注重其实际能力。

在考察能力的同时，一定要注意对品行的考察。孔子说："一匹马的可贵之处在于它的德性，而不在于它的力量。"孔子借对千里马的评价，给我们树立了一个标准。对一个人孰优孰劣的评判，不在于他长得怎样，甚至也不单看他是否具有过人的才华，而在于这个人是否具有良好的品德。在孔子的心目中，"唯德是举"应成为我们取才的科学依据。

"唯德是举"比起"唯才是举"来说有更大的好处，尽管德才兼备的人才是每个企业家孜孜以求的，但是这样的人才毕竟很少。当只能在"德"与"才"之间选择的时候，选择"德"会比选择"才"要稳妥得多。有人会说"唯德是举"容易漏掉一些真正有才华的人，但是一个有才无德的人若占据公司的重要位置，那么他将会给公司带来毁灭性的灾难。

因此从这个意义上来讲，人品重于泰山。这是一个不容商议的话题，德行的重要性我们每个人都有所体会。必须是一个人品良好的人才能获得同事的好感，以及上司的赏识。不要指望依靠自己的一点小聪明来敷衍工作、糊弄公司，这样做的后果只会让你追悔莫及。

在美国，企业非常注重培养员工的"职业道德"。例如，微软在雇用员工的时候，列在第一位的考察标准就是职业道德。与智能水平和经验等因素相比，微软认为职业道德是最为重要的。"只有雇用到值得信任的员工，我们才会给予其充分的自由度。"微软公司前副总裁李开复曾面试过一位求职者。这个人在技术、管理方面都相当出色。但是，在谈论之余，他表示如果李开复录用他，他甚至可以把在原来公司工作时的一项发明带过来。随后他似乎觉察到这样说有些不妥,特别声明:那些工作是他在下班之后做的,他的老板并不知道。这一番谈话之后,李开复就再也不肯录用他了。

事后李开复说:"不论他的能力和工作水平怎样,我都不会录用他,这种人缺乏最起码的职业道德。如果雇用这种不讲信用的人,谁能保证他不会在这里工作一段时间后,把在这里的成果也当作所谓'业余之作'而变成向其他公司讨好的'贡品'呢?"道德是一种职业的操守,是你承担某一责任或者从事某一职业时所表现的职业精神。世界上很多顶级的CEO都把品德作为用人的第一标准,把职业道德作为企业文化中的重要组成部分,或者把职业操守作为员工对于企业的一种精神理念,用来增强整个企业的凝聚力。

所以管理者在选择员工时,可以是英雄不问出处,但一定要看重品行。

管理人员重于一切

管理人员开发的重要性,无论如何强调都不过分,然而企业却常常因为这样或那样的原因而忽视这项工作。对管理认识上的误区,制约了企业在管理人员开发上的实践。

这里的误区主要有两个:一是迷信个人经验,不把管理当科学。这些人认为,那些被任命为主管的人以及晋升到管理职位的人,即使缺乏领导能力,也可以通过工作获得所需要的技能,并且可以凭个人经验正确行事。

二是不了解管理者和被管理者在素质和能力结构上的要求差

别很大。常常有企业把精通技术的专家选拔到管理岗位上，例如挑选最优秀的业务员当业务主管。可是，做出这种选择所依据的技能，对管理人员而言只具有部分的价值。要使其胜任管理工作，必须开发出其他能力，如决策能力、组织协调能力、人事能力等。这种开发工作，只靠管理者个人的自学和摸索是远远不够的，必须接受专业机构、专业人员所提供的专业培训。

中国企业在技术上落后，在管理上更落后，急需一大批懂得市场经济的基本规律和企业管理的基本规范并了解最新理念的管理者。因此，管理人员的开发在中国具有突出的重要性。

管理人员开发常见的类型有以下几种。

1. 在职开发

大多数管理人员的开发是在工作中进行的。放手让他们工作，在实践中积累经验，增长才干。他们可以对下级做实地考察，下级也可以反过来对他们评头品足。他们能够独立地显示出潜在的领导能力。

这种开发方式的优点有二：一是不会使替补训练的人员产生不切实际的奢望，二是不会打击那些未被推荐晋升的人的积极性。

这种开发方式的弊病有二：一是训练和开发不系统、不全面，也不严格，上一代人所掌握的知识难以有效地传授给下一代；二是这种非正式的在职训练昂贵、费时、效率不高，往往以工作的损失为代价。

除非是企业规模小或情况紧迫，否则企业一般不会只依赖于这种方式去开发管理人员。

2. 替补训练

把一些工作较为出色的管理人员指定为替补训练者，除原有责任外，要求他们熟悉本部门上级的职责。一旦其上级离任，替补训练者即可按预先准备接替其工作。如果其他上级职位出现空缺，替补训练者也可填补。

这种方式的优点是：由于是为晋升做准备，因此其训练积极主动；在正式接任后，受训者可较快地适应新的工作。

这种方式有三个明显的缺点：第一，渴望晋升但又未被选为替补训练者的人可能感到自己前途渺茫，积极性下降；第二，已经等候不少时间的替补训练者可能变得垂头丧气，特别是当他们看到空缺被其他部门的替补训练者填补时更是如此；第三，某些上级唯恐被取而代之，不向可能的取代者传授他们的所有知识和技能。

3. 短期学习

管理人员开发的一种流行方式是短期强化学习，即把管理人员集中数天乃至数月，按照明确规定的科目训练。企业可以将短训项目委托给专业协会、大学或专业公司举办，有能力的企业也可自办。

这种开发方式的突出优点是管理人员能全力以赴地进行学习，学习有针对性、有深度，效果较好。其缺点是管理人员脱离工作一段时间，会对工作产生一些影响。

4. 轮流任职计划

这种方式的基本做法是，安排主要的和有培养前途的管理人员轮流任职。通过轮流任职，可达到以下3个方面的目的：

（1）管理人员将逐渐学会按照管理的原则，从全局而不是某一职务方面来思考问题；

（2）帮助管理人员确定他们愿意进行管理的职务范围，同时也便于上级确认他们适合工作的岗位；

（3）企业的高级职务可以由对不同部门的问题有广泛了解的更有资格的人担任。

轮流任职的缺点是工作不够稳定。

谁有本事就用谁

大唐帝国这一宏伟大业的实际开创者唐太宗，不但以他高瞻远瞩的高超谋略打下了唐室江山，留下了"浅水原大战""虎牢关大战"等经典战例，而且他在治国用人方面也取得了巨大的成就，开创了流芳百世的"贞观盛世"。这巨大成就的取得在很大程度上是和他卓越的用人策略分不开的。可以这么说，若没有唐太宗的善于用人就不会有大唐几百年的帝业，就不会出现空前繁荣的"贞观之治"。那么，唐太宗的用人方略到底是什么样的呢？魏晋南北朝时期，国家君王一向采取从士族地主里选拔人才的方针，甚至一度形成士族垄断政权的局面，以致成为禁锢人才发掘的一项弊政。对此，唐太宗力求整顿前朝在用人上的过失，把眼光转向更广大的范围，采取了士庶并举的方针。例如，他在当政时不但非常信任士族地主高士廉、长孙无忌、杜如晦等人，还曾物色起用有才能的庶族人士马周。

贞观三年，唐太宗鼓励百官上书直言政事得失。中郎将常何不善文墨，于是请门客马周代替自己写了二十多条建议。常何上奏后，这二十多条意见中竟然每一条都十分符合唐太宗的心意。对此，唐太宗感到很惊讶，认为其中必有蹊跷，因为常何乃是一介武夫，不通文墨，什么时候竟然修得如此远见卓识。于是追问常何原因，常何据实相告，唐太宗感到马周的确是一个贤能之才，随即宣旨召见他。当马周迟迟未到时，唐太宗又"四度遣使催促"，显示了他对这个素未谋面的布衣人是何等的重视。在与马周见面交谈后，唐太宗十分高兴和满意，马上授予其门下省的官职，最后又将其调为中书令。

马周的发家史很传奇，他既没有裙带关系可以供自己攀附，又没有资荫关系可供自己借用，全靠着唐太宗的一颗求贤若渴的心，才有了马周的高官爵位。如果不是唐太宗自任伯乐，慧眼识英才，像马周这等人才很有可能就淹没于人群中了。

国家君王从官中选官，并不是一件稀罕的事，但能够把网罗人才的视野从高高在上的贵族转向民间的老百姓的君王则为数不多，唐太宗是其中的佼佼者。

一方面，唐太宗不以人的身份背景、地位尊卑为选择的条件，另一方面，唐太宗还十分懂得唯能者用的用人原则，提倡谁有本事就用谁。

一次，唐太宗给功臣们封官赐爵。他让人先宣读自己事先写好的名单，并说："若谁有意见，请尽管向我提出来。"

唐太宗的叔叔李神通自认为为唐王朝立下了汗马功劳，而且自己又是皇帝的叔叔，在众大臣中，应该是自己的功劳最大。但他一听到自己排在后面，心里就极为不服气，对唐太宗说："当初，是我首先起兵响应您,跟随您东征西杀,为您夺得皇位立下了大功。可您今天怎么好像把我的功劳全都忘记了似的,竟然将我排在房玄龄、杜如晦这些人的后面!与我们这些在战场上誓死为国家拼杀的人相比,他们有什么功劳可言?不过就是舞文弄墨、乱写乱画罢了!"

唐太宗笑了,说:"叔叔您虽然首先举兵起义帮助我,可是您忘了,您后来还打了两次大败仗呢!房玄龄、杜如晦他们出主意,定计策,帮我取得了天下,论功劳,理应排在您的前面啊!您虽然是我的至亲,可是我不能徇私情加重对您的封赏啊!那样的话对其他大臣来说就太不公平了!"听皇帝这么一说,李神通也就不好说什么了。

过了一会儿,房玄龄说:"秦王府里的旧人都是皇上的老部下了,那些没有升官的,难免会有一些怨言。"

对此,唐太宗说:"国家之所以设立官职,为的就是选拔有才能的人,替老百姓办事。在这上面,绝不能以新旧分先后。新人有才能的,就要升官赐爵;旧人没有才能的,当然不能提拔。要不然,国家的事情怎么能够处理好呢?"

长孙无忌是唐太宗年轻时的好朋友,又是长孙皇后的哥哥,有才能又曾立过大功,唐太宗就任他为当朝宰相。长孙皇后知道了,怕别人说闲话,就劝唐太宗不要给哥哥那么高的官职。

"你这样想有些不对。我任用你哥哥,是因为他有做宰相的才干,不是因为他是我的亲戚。"最后,唐太宗还是坚持让长孙无忌做了宰相。以才能为准绳,谁有本事就用谁,这是唐太宗用人的根本原则,也正是凭借着这一原则,唐太宗获得了许多贤能之才,为自己治理国家提供了源源不断的智慧。

唐太宗这几件事办得非常好，值得后世领导者借鉴。他用人，就用有才干、品德好的，不管那人跟自己个人的关系怎么样。其实，在现代管理实践中，企业领导者也应当有这方面的意识，以才择人，而非以人择人，或凭借其他的一些外部条件择人。只有这样才能够选择到真正令自己满意的人才，而不会空抱怨人才匮乏、人才难求了。

让下属自己去解决问题

作为管理者，当下属遇到问题不能解决时，你不妨结合自己的经验告诉他们一些方法，这样会使你的下属对你感恩戴德。我们可以告诉他："如果是我，我将这么做……你呢？"以类似的做法来指导下属，不但可保持自己的立场，也可将意见自然地传达给下属，下属甚至极可能会认为管理者是站在自己的立场上考虑问题。这样，管理者说服的目的便达到了。

假如管理者将自己的方法强加给下属，那么你的下属除了服从，将无所适从。另外，对下属而言，只要服从管理者的指示，自己根本不必费脑筋思考，反倒轻松。然而，事实上，管理者直接给出自己的方法，毕竟无法让下属真正学到工作的实际技巧。如果管理者能够指出多种方法，让下属自己有机会加以思考，下属一方面会认为管理者是给自己面子，另一方面则将提高他对上司的信赖感。

在对下属的工作进行必要指导时，必须注意说话的方法、语气可能给下属带来的心理影响。例如，可强调：先考虑对方的立场，让对方了解我们的利益也就是他们的利益。如此指导工作就可事半功倍，何乐而不为呢？

众所周知，演讲与讲课是不同的。在大学讲课，主要任务在于传授知识，只要有知识，人人均可以上讲台。然而，演讲则不然，为了使自己的思想能与听众沟通，必须"制造"刺激。换言之，就是在他们想学习的心态上点燃学习的火花。

对于每一次与别人的交往，人们都有这种感觉，即与人对话并不难，难的是要使对方理解自己所说的意思。就是说，要让对方用耳倾听并不难，要让对方用心思考则不是易事。在教导他人时，必须划清二者的界限，才能达到预期的效果。

很多犯了错误的员工或下属就很难将上述两者分清，并且告诉他的上司，这样一来，下属就会把自己的全部知识和想法告诉对方。例如，向他们指出：过失的原因在于此时此地发生此事，经由某作用而产生某影响，所以我们应该如何做。如此就变成讲课了。话虽然进入对方耳中，但却不是对方真正需要的东西，因此无法吸收，很容易将之遗忘。

要解决这些问题，最好的办法就是明确地指出他的过失所在，但是上司最好不要教导下属如何去做，以及防止问题再度产生和追究过失的方法，让对方有自我思考的余地。当对方能自己思考，却又无计可施时，自然会发问："这里该怎么办？"此时再给予适当的意见，才是最合乎实际的指导方法。

许多管理者为了提高工作效率，往往希望以最简单的方式将知识传达给下属，而不让下属自己去思考。如此将无法培养出优秀的下属。这一点，管理者必须提高警惕。

给下属表现的机会

有家电脑公司的业务经理查理·豪奉派到国外出差 10 天。查理·豪平时做事就很仔细，什么事都亲自下命令，并一一验收成果。虽然他手下有好几个人，但他从不将重要的工作交给他们做，因为查理认为"他们做事没有效率"。就因为这样，很难想象他不在的这 10 天，公司里会发生什么事。

查理将出差前能处理的事全都处理完，并将在这 10 天里可能发生的事都写在笔记本上，然后才动身出国。但因工作上遇到一些问题，所以原本打算停留 10 天的行程，只好延长到一个多月。

查理一直担心，那些"不值得信赖的下属们"在这段期间都做了什么呢？所以就利用工作之余打国际电话、电报和他们联络，但又没有当面说得清楚，他心想，在他回国时公司可能已经大乱了吧？

但是查理回国后发现，这些下属的工作完全没有因为他的出差而受到任何影响。反而当他的行程决定延长时，下属们自发的责任心更加强烈。

这些平时就依赖查理的下属各自负起责任去处理部门内的事，所以即使查理不在，各种业务依旧顺利进行。碰到难以决定的事情时，大家就互相商量，然后去请示相关主管。

看着井然有序的公司，查理苦笑着说："我以前总认为只要我不在公司，业务就一定会停滞，现在才知道，那是我太过自大，也对员工的能力太不信任了。虽然我一个多月不在公司,但是他们做得比我在的时候还好。这让我很惊讶,觉得自己没什么存在价值。不过,这次出差让我知道,对往后的工作和其他部门的联络,要更全力以赴。另一个收获就是,大家对工作更投入了。"查理的下属们因为这次事件,对工作也有了新的认识。管理者有时候不妨故意制造些这种机会,这样一来,将会意外地发现下属的潜力。

已交给下属的就不要再去干涉。到其他公司商量事情时,常会遇到一些管理者只是把双方公司负责的人叫来,说了一句"其他的就由您和这位负责人一起做决定",然后就离开的情形。

俗话都说:抓大方能放小。通常管理者决定个大概,其他细节部分则交给负责人处理,这是一个让负责人发挥能力的机会;而且,他们对工作细节的了解也比上司多。

但是,有时当我们和负责人决定后的事情已经开始有进展时,管理者又突然出面干涉。结果,一切都要等管理者裁决后才能开始运作。虽然他口头上说要把权限交给下属,但事实上,决定权还是在他手上。

更有甚者,一些管理者连工作细节也要干涉,下属很难在这样的管理者手下有所作为,另外,与顾客的关系也很难处理。顾客会认为:"如果是这样,为什么开始不先说清楚呢?"虽然有些顾客会对负责人寄予同情,但大多数顾客还是会认为:"今后有什么事就直接跟他们上司谈,免得中途又有变卦。"

在外人面前,管理者和下属的意见有分歧,或下属遭上司责怪,这些都是有失礼节的。在谈生意的场合,会被对方认为是缺点。所以,管理者事先要和负责人做好意见沟通,不能只有一句"都交给你"就撒手不管了。但是一旦说出这句话,就要有绝不干涉的觉悟,否则会让下属失去工作热情。特别是在和公司外的人谈生意时,因为这会影响公司的信誉,所以在这方面管理者必须特别慎重。

如果没有"委托"的自信,或之后又想干涉的话,那么最好整件事从头到尾都由自己决定。"委托"并不是件坏事,当自己决定将任务交给别人去做时,即使真有不满意的地方,也不能再发表意见。

做好"空降兵"的"摆渡人"

"空降兵"到某一企业之后,给大家的印象是:"空降兵"急于表现,因为他期望通过表现来获得老板的更大认可;企业内原有的员工要保护自己的利益,从而对"空降兵"进行本能地排斥,即便是领导要求配合,也只是表面形式而已。

某企业曾雇用一位内营销高手,"空降兵"上任后,改革力度很大,新官上任三把火。他的这种改革全部推翻了企业内原有的做法,自然会损害部分老员工的利益,引起了该团队内企业元老的极大反感。"空降兵"为维护自己的权威,毅然撤换了多位不听话的元老,从而导致该部门动荡不止,业绩大幅下滑。最终,"空降兵"以辞职而收场。

企业的管理者一定要看到"空降兵"与旧势力必然发生冲突这一客观现实。企业的老员工可能会以制造麻烦来抵制外来管理者,而外来管理者又想尽快树立起威信,通常都会拿老员工开刀。

同时，引入"空降兵"的企业管理体系和管理基础往往又是空白，一般不太讲究规则。外来人才要想运作好，势必要不按套路出牌，由此产生了"空降兵"和老员工的职业行为、职业方式上存在的沟通困难和天然文化冲突。企业的老员工和职业经理人的磨合是一次痛苦而漫长的过程，企业管理者要妥善处理好两者的关系，既要让"空降兵"的才华得以表现，又不能过分损害老员工的利益。有家公司不是很大，员工在100人左右，近半数都是跟着老板创业的，彼此很信任。本来公司里气氛融洽，年轻人又多，办公环境很轻松，下班后大小聚会也是常有的事儿。但是，随着新任主管张素的到来，公司的气氛悄悄起了变化，大家工作时正襟危坐，说话时谨小慎微，下班后行色匆匆，就怕被新主管抓住工作上的把柄。

张素是刚来公司的"空降兵"，她对于出现这种情况感到很委屈："我来之前，公司的管理确实太松散了，人浮于事，效率不高，老板既然重金请我来，我觉得就应该发挥自己的作用，把能办的事情办好。"基于这样的思考，她决定从自己部门的工作入手，整顿办公室纪律，严肃工作程序和流程。

又到月底，员工开始去财务报销一些日常的办公费用。上一任主管往往不看这些花花绿绿的发票，立即就在报销单上签字。张素却非常认真，逐条逐笔详细审核。从中她发现了很多问题：有总款额核算不对的，有发票种类和事由不符的，有非公务开支不应报销的。她的这种做法，效果明显，一个月下来，办公开支减少了数万元，老板甚为满意。但公司上下对她意见已经很大。

没过多久，那些利益受损的老员工开始集中向张素开火。"没能力""搞派系""自以为是",他们对张素的这些负面评价越来越多。甚至在部门经理会议上,有人公然指责财务部门不支持工作。随着向老板打小报告的人越来越多,本来对张素还很信任的老板逐渐对她不满起来。在张素来到这个公司的两个月之后,老板为了维持公司的和平氛围,只好拿起屠刀,将张素解雇。在这个案例中,无论是张素,还是老板,都需要反省。张素应该知道,在一个新的工作环境中,改革应该循序渐进,而不是一步推倒。老板应给"空降兵"精神上的支持,让员工感到配合"空降兵"是大势所趋,只有顺势而为,才能真正保护自己的利益。建议老板要给"空降兵"营建良好的生存环境,在提出高要求的同时,更需要高关心、高鼓励和高支持,使他们安全着陆。

第三章

合理搭配，力求周密

有效分配最佳机会

德鲁克认为，最好的机会一定要搭配最有能力及绩效最好的人才。在最有能力的人才手上，机会才能发挥最大效用。受他的影响，通用集团前首席执行官韦尔奇将自己的工作实质定义为"向最优秀的人才提供最合适的机遇，最有效的资源配置"。

比尔·盖茨始终认为，微软的命运是由创新性产品决定的，而能否开发出高技术产品，关键在于有没有具有非凡创造力的人才，同时能不能为他们创造一个好的工作环境。微软公司负责招聘人才的凯瑞·泰比特说："招揽具有非凡创造力的人才是我们的最高原则。"因此，微软更加注重招聘顶尖人才。

微软不仅需要计算机领域内的顶尖人才，他们还把选聘顶尖人才的范围扩展得更大，雇用了不少远远超出 PC 机领域的各类专家，其中包括哲学家、语言学家、民族音乐学家、电影特技专家等。

盖茨说："如果要在软件开发上继续取得成功，我们还必须更多地理解外部世界，并从中汲取营养，使微软公司继续发展。"言外之意，他们要在创新机会上搭配最顶尖的人力资源。

将最好的机会、最关键的岗位、最重要的职责留给最有能力的人，这是优秀企业的一贯表现。1978 年 7 月 13 日，李·艾柯卡被亨利·福特二世赶走。克莱斯勒公司董事长约翰·里卡多力邀李·艾柯卡加盟克莱斯勒公司，但李·艾柯卡却是有条件的。他当第二把手的时间已经太长了。假如他接受克莱斯勒公司的工作，不出一两年一定要当第一把手，否则就不干！

这就是李·艾柯卡进克莱斯勒公司的平等谈判的要价。这不仅是由于他与亨利相处的经验而让他不得不这样做，虽然那也是原因的一部分，这也是因为他需要有完全自由的行动才能使公司现有的状况转变过来。李·艾柯卡认为：除非我在管理方式上拥有完全的权力，我的政策才能付诸实施，否则，我去该公司之举就将成为一种人们受到挫折时所常采取的传统做法。在这一点上，李·艾柯卡有自己的办事原则。

在他的印象里，里卡多要他当总裁，自己当董事长。但当他告诉里卡多他的要求时，他发现自己想错了。"听着，"里卡多说，"我不打算干下去了。这里只能有一个领导的位置。如果你到我们这里来，那领导就是你。"里卡多知道自己的使命，那就是将拯救克莱斯勒的机会给予最有能力的人，李·艾柯卡是他眼中最好的人选。

在亨利·福特二世解雇李·艾柯卡时，包括解雇费在内，福特汽车公司要给他150万美元。但是有一条很重要，福特汽车公司约束性很强的合同包括一项竞争性的条款，它规定如果他到另一家汽车公司工作就将丧失拥有这笔钱的权利。"不要为此担心，"里卡多决心已定，他说，"我们会全部给你的。"

李·艾柯卡没有辜负里卡多的期望，成功地使克莱斯勒起死回生，重振昔日雄风。作为企业领导者，为了企业的长远发展和远大前程考虑，应该有里卡多这种主动让贤的胸襟与气魄，甘愿退居幕后的牺牲精神，在最好的岗位上搭配最有能力及绩效最好的人才，让更有活力、更有才华的人引领企业跟上时代发展的新潮流。

选对人才能做对事

无论是什么样的事情，如果想要获得一个理想的结果，就必须派合适的人去做，否则，将可能因不合适之人的失误而使一切功亏一篑。范蠡功成身退来到齐国，经过几年的艰苦创业，积累了丰厚的财产。齐国国王听说他很有才能，于是设法请他做官。范蠡认为做官总不是长久之策，于是在广散财产后隐居到定陶。后因其头脑聪明，经商又一次取得了成功，积累了上亿财产，人称陶朱公。

陶朱公定居在定陶时，他的二儿子在楚国杀了人，被关进了大牢。陶朱公知道后说："杀人者死，这是本分。不过我听说千金之子不会在大庭广众之下被处死。"于是就命令自己的小儿子带了千镒黄金去楚国解救。就在小儿子要出发时，陶朱公的大儿子死活不同意自己的弟弟去,他对陶朱公说:"父亲大人也知道这个道理,家里出了事理应由长子出面解决,父亲今天不派我去,就是对我不信任,说明我不孝顺,那我活着还有什么意义呢!"于是一头撞向墙壁,被陶朱公一把挡住了。

这时范蠡的妻子也说:"今天你派小儿子去,未必能够救回二儿子,却先把大儿子给气死了,至于这样做吗?"最终,陶朱公被母子俩闹得实在没有别的办法,只得派大儿子去了。临行前,陶朱公写了一封信给在楚国居住的老朋友庄生,让大儿子带着信直接去找庄生。他又再三叮嘱大儿子,到了后不论任何事情都要听从庄生的安排,切忌与其发生争执。大儿子爽快地答应了,自己又私自带了几百镒黄金放在身上以备不时之需。

大儿子到楚国后找到了庄生,发现庄生穷得一塌糊涂,房前屋后杂草丛生。他于是按照父亲的交代,把千镒黄金交给了庄生。庄生听说了他的来意后,便叫他马上离开,还叮嘱他即使他的弟弟给放出来了,他也不要问什么原因。然而,大儿子虽然表面上听了庄生的叮嘱,但他看到庄生的那一副穷相,并不相信他能够办成这事,于是自做打算留在了楚国,并把私自带来的黄金献给了楚国的一位权贵,以求门路。

这个庄生虽然生活贫困,人却非常正直,在楚国朝中非常受尊重。至于陶朱公送来的千镒黄金,他其实并不想接受,只想着等事成后再还给他,于是让妻子给暂时保存了起来。但是陶朱公的大儿子却并不知道庄生的真正想法,还以为把黄金给庄生这样穷酸的人没有任何用处。

庄生接到陶朱公的委托后,专门找了一个合适的机会对楚王说:"据我长期观察,某一个星宿移动到某个位置,对楚国会有危害。"楚王向来很相信庄生的话,便向庄生寻求解决的方法。庄生说只有做好事才能够将这个危害消除。楚王表示明白了,当即命令侍卫去将钱财物资的府库严密封起来。

接受陶朱公大儿子贿赂的那名权贵听到这个消息后,非常高兴地对他说:"楚王就要大赦天下了。"大儿子不明白,权贵解释说:"按照惯例,楚王每次在大赦天下前,都要先把府库封起来,因为怕人乘机在大赦前抢劫府库,而昨晚楚王已命令封闭府库了。"大儿子想到楚国即将大赦天下,那么他的弟弟自然也会被放出来,如果是这样的话,那千镒黄金岂不是白白给庄生了?想到这里心里便有些不乐意,于是立刻去见庄生,想要把那钱给要回来。

庄生见到大儿子后非常惊讶,忙问他怎么没听自己的劝告赶紧离开,谁知大儿子却十分不客气地说:"我当然不会离开了,当初我是为了弟弟的事情有求于你,才将千镒黄金送给你,但现在弟弟的罪马上就要自动赦免了,我看……"庄生立刻明白了他的意思,于是马上将千镒黄金还给了他。大儿子高兴异常,心想没有花钱就救回了弟弟,父亲怎么也得夸夸自己呀!

可令他想不到的是,他的做法大大激怒了庄生,庄生一气之下又去见楚王说:"我上次所说的有关星宿的事情,楚王说要用行善的方法来消除危害,这最好不过了。可是前两天我在街市上看到很多人都在议论这样一件事,说定陶的一位名叫陶朱公的富人,他的儿子杀了人被关在楚国的大牢里,他的家人拿了许多钱财贿赂了王的大臣,所以都说王并不是为了体恤民情而进行大赦,而是因为陶朱公儿子的缘故。"

楚王听后勃然大怒,说:"胡说八道!我虽然不敢自称什么明君,但怎么会因为陶朱公儿子的缘故就特别施恩大赦天下呢?"于是命令左右马上将陶朱公的儿子杀掉,然后才下达大赦天下的旨意。陶朱公的大儿子最终只得带着自己弟弟的尸首回家了。

进了家门以后,家人个个都非常悲痛,唯独陶朱公一人没有什么异常。家人不解,陶朱公说:"我早已知道他这一去必定会将他弟弟杀死的!之所以这么说不是因为他不爱他的弟弟,而是因为他舍不得花钱!他小时候就同我一起经商,对谋生的艰难深有体会,所以不舍得轻易花钱。而小儿子呢,在他出生的时候,我们家里已经很富裕了,他几乎没吃过什么苦,不懂得挣钱的艰辛,所以不会像他大哥一样吝惜钱财。我原来打算让小儿子去,就是因为他舍得花钱。而大儿子是绝对不舍得的,他去十有八九会带着他弟弟的尸首回来,这是合乎常理的,没什么好悲伤,我本就是日日夜夜在等着丧车的到来!"救人也好,管人也罢,如果想要使一项任务得到圆满的执行,首先必须派遣合适的人去做,只有如此才能够使任务完成,否则只能眼睁睁地看着事情朝着相反的境况发展,最终功亏一篑。故事中的陶朱公深深明白在救人上自己的小儿子最合适不过,所以派小儿子去,但最终拗不过大儿子的苦苦相逼,才勉强答应大儿子去,结果大儿子领了一具尸首回来,实为可惜。若在开拓市场时派遣了错误的对象,那么,得到的恐怕也是失去市场的结局。

权衡优劣以求互补

　　唐太宗时期之所以会出现人才数量上的高峰，关键是有唐太宗这个大"伯乐"识得千里马。而"伯乐"唐太宗的人才观是：人心难测，人才更是拥有千百种性情，在这种情况下，有效识人、驭人、组建优势组合的团队结构才是领导者用人成功的关键。

　　1800多年前，魏蜀吴三方争霸天下，成就了中国历史上一个精英汇集的大时代；而在1300多年前的唐朝初期，各路群雄同样争霸，也成为中国历史上另一个人才辈出的时期。由此我们不禁要问，为什么生逢乱世总是精英汇聚，又为什么天下英才都愿为唐太宗所用？其实关键在于，唐太宗懂得观人之长、察人之短，把人才放在合适的位置上，使其优势组合，发挥团队最大效益的道理。

　　唐太宗登基伊始，整个朝廷结构都处于初建与调整之中，如何才能把众多贤能之才分别放在合适的位置上，组成一个最合理、最有效的组织结构呢？唐太宗为此寝食难安。经过一番观察和思考，他最终做出了如下安排：

　　魏徵这个人凡事好与人争辩一番，常把谏诤之事放于心中，根据这一特点，唐太宗就任命他为谏议大夫，其具体职责是专门向皇帝提意见。至于房玄龄，他做事有一个显著的特点就是孜孜不倦，知道了就会立刻去办。根据这一特点，唐太宗就任命他为中书令，其具体职责是掌管国家的军令、政令，阐明帝事；入宫禀告皇帝，出宫侍奉皇帝，管理万邦，处理百事，辅佐天子而执大政。这些职责正契合房玄龄"孜孜不倦"的特性。李靖是个文才武略兼备之才，外出能带兵，入朝能为相，于是唐太宗就任用他为刑部尚书兼检校中书令，其具体职责是掌管全国的刑法和徒隶、勾覆、关禁的政令，这些都有利于李靖才能的发挥。由此，魏徵、房玄龄、李靖三人共同主持朝政，相互取长补短，发挥了各自的优势，共同构建起了唐王朝的上层组织机构。

除此之外，唐太宗把房玄龄和杜如晦进行合理搭配，组成了一个名扬千古的谋略班子"房谋杜断"，从这件事上也反映出了唐太宗善于打造最佳组合的管理方式。名相房玄龄辅佐唐太宗 31 年，是贞观时期的第一名相，但在史书上却几乎看不到记录他政绩的文字。原因是房玄龄属于"谋臣型"，在唐太宗的人才库中，他精于谋略，但总是低头默默行事，从不会主动宣扬自己的功劳，甚至连进谏时也要与人谦让一番，把自己所有的功劳全部归于皇帝。拥有房玄龄这种性格的人，喜欢掩饰自己的欲望，做事追求十全十美，遇到需要拿主意的问题时，容易犹豫不决。因此，在谋划安邦定国之策时，房玄龄见解精辟，一般很快就会提出许多精辟的见解和具体的办法来，但是，他对自己的想法和建议不善于整理，总是很难决定采用哪一个办法。针对房玄龄这种个性特征，唐太宗就找来另一位名相杜如晦与他做搭档。杜如晦虽不善于思考问题，但善于对别人提出的意见进行周密的分析，精于决断，什么事经他一审视，很快就能变成一项决策、律令，提交给唐太宗，成为有执行力的谋略。最终，"房谋杜断"的互补，成为唐太宗稳坐江山的关键。

世界上没有完人，一个人不可能做到面面俱到，即使我们日常所说的"全才"，也只是相对而言。任何人才作用的发挥，都离不开人才群体的整体效能。人才不是孤立存在的，因此，进行合理的优势组合,是发挥每一个人才应有作用、发挥团队最大效益的关键要素。

真正优秀的领导者,不仅要看到单个人才的能力和作用,更重要的是要组织一个结构合理的人才组合体,将不同类型的人才进行合理的搭配,并把他们放在最合适的位置上,相互启发,相互协作,形成一个有机的整体,通过这样合理的优势组合结构来弥补单个人才的不足之处,以求达到人才最佳效能的有效发挥。

建立互补型团队

哲人说:"完美本是毒。"事事追求完美是一件"劳民伤财"的事情,尤其对于企业管理来说,这是执行中的大敌。很多管理者总是抱怨自己的手下能人太少,恨不得自己的下属个个都变成能杀能闯、能文能武、有勇有谋的"良将"。但中国有句古语:金无足赤,人无完人。世界上本就没有十全十美的人,又怎么能够要求拥有完美的员工?何况,完美型的员工属于"能人",他们的特点是个人英雄主义,重个人,轻团队,最终会增加数倍的管理成本,而结果极可能是得到了一个并不满意的结果。

其实在企业管理中,管理者应该关注的不应是某个人的力量,而是团队的综合实力。在一个团队中,每个人都有他的长处,作为管理者,如果你能很好地掌握他们的特点和优势,把他们放到最能发挥其作用的位置上,你就会发现,你得到了一个完美的"互补型"团队,并且,你的工作变得卓有成效,你的员工对你尊重并拥护。在一次战役中,由于战争的需要,临时招募了各行各业的人参军打仗。战役的将领临时编制了一支小分队,命令其驻守在一个小岛上。他们当中有大学教师、机械工程师、政府机构的办事员,也有泥瓦匠、小饭馆老板、裁缝铺的学徒,还有消防队员、小提琴手、汽车修理工等等。一到岛上,他们就行动起来了。有的用捡来的木条、干草搭起了简陋的帐篷,有的用自制的工具支起了炉灶,还有的忙着施展烹饪手艺,人人都施展自己的拿手戏,在各自擅长的方面尽情地发挥。一顿丰盛的晚餐过后,还举办一场热闹的晚会,大家有说有笑,有唱有跳。

几天过后,小岛遭到敌人的攻击。在枪林弹雨的战场上,大学教师和小饭馆老板便显得手足无措,失去了用武之地,而消防队员和汽车修理工则能够临阵不乱,熟练地使用手中的武器,对敌人进行了狠狠地打击,完成了守护小岛的使命。以上的例子中,大学教师虽然受过高等教育,掌握着最多也最权威的知识,但在打仗的时候,却毫无用武之地,而只念过几年书的消防队员却可以在战斗中勇猛杀敌。这就是所谓未在其位,能力就不能得以施展的道理。对于企业管理者来说,团队就好比上述的那个小分队,由各色各样的人组成,他们都有自己的特长优势,身为领导者,最大的职责就是对下属的特点、能力,甚至个人的性格做到了如指掌,做到唯才适用,使员工内在的潜力得到充分的发挥。

知名企业家马云认为:"现实中最完美的团队是《西游记》中的唐僧团队,他们的成员都非常普通。唐僧是一个好领导,他志向远大,有很强的使命感和原则性。他要往西天取经,谁都改变不了,不该做的事情,他也坚决不做。"

"而孙悟空这种员工比较像现代企业管理中定义的'野狗'。

他们是公司最'爱'的也是最'讨厌'的人。他有极强的工作能力,却也多少有些"无组织、无纪律"的个人英雄主义,并且非常情绪化。"

"在这个团队中,猪八戒的角色也很重要,他是这个团队的润滑剂,虽然他看上去'很反动',但是他非常幽默,没有笑脸的公司是很痛苦的公司。"

马云认为,唐僧团队中如果没有猪八戒,这个团队的精神风貌就会黯然失色。沙僧则是最常见的保守型员工,安稳踏实。另外,唐僧知道孙悟空太调皮,要管得紧,所以随时会念紧箍咒;猪八戒小毛病多,但不会犯大错,偶尔批评批评就可以;沙僧则需要经常鼓励一番。这样,一个明星团队就成形了。

对于任何企业而言,建设"互补型"团队,对企业的发展非常重要。很多企业过分重视个人素质、经验和成就,但是却很少考虑到每一名员工都必须在团队中工作,他的能力、优势、性格能否与团队的其他成员构成一种互补关系。对于某一特定工作而言,是不可能找到最理想的人选的,因为这种人根本就不存在。那么次理想的人选是什么呢?那就是能充分发挥自身优势,并和别人的优势相互补充的人,这类型的人能最大化地实现目标。

男女搭配,干活不累

吴霖是一家广告公司的设计师,自从他上班以来,他所在的办公室就清一色全是男士。吴霖是一位非常勤劳的人,他喜欢不断地工作,不断地想出新的设计思想。然而,最近这两年以来,他发现自己在办公室待得太久之后，经常会莫名其妙地产生一种无聊感、空虚感，而且白天很容易疲劳，创作与设计方面的灵感也似乎逐渐枯竭了。

然而，一个月之前吴霖所在的公司为吴霖的设计室聘来一位年轻貌美的美术学院毕业的女大学生。吴霖发现，只要有这位女大学生在办公室，他工作起来就特别有劲儿，设计东西也特别有灵感，而且他还会莫名其妙地产生一种欣喜感和兴奋感。吴霖在女大学生来了之后所产生的这种心理正是我们平时所说的"男女搭配，干活不累"。像吴霖一样，其实我们每个人都会有这样的亲身体验：和异性在一起工作总是会感到轻松愉快，不知疲倦。但这并不说明我们是好色之徒，这其中包含着科学和心理学的原理。

心理学家发现，"男女搭配，干活不累"的心理效应在男性身上表现得往往会更为明显一些。这主要是因为男性比女性更喜欢通过视觉获得有关异性的信息，如异性的容貌、发型、肤色、身段等外部特征都易引起他们的极大兴趣，并会对他们的感觉器官产生某种程度的冲击作用，使他们感到愉悦不已。

另外，心理学家还发现，男性在女性面前的表演欲望要比女性在男性面前的表演欲望强烈得多，而表演欲望和表演行为本身会刺激人体产生更多的神经传导物质多巴胺。多巴胺是一种能引起人兴奋和能够增强人的动机的神经传导物质，人体内多巴胺水平的正常增高会使人感到活力无限和兴奋不已。

同样的道理，女性在男性面前也会有这种表演欲，只是没有男性在女性面前的表演欲强烈而已。女性的这种表演欲也能在她们体内引起多巴胺水平的变化，从而使她们的兴奋度提高，工作的活力增强。除了以上两个方面的原因以外，还有一个原因是不能忽视的，那就是男女在性格等诸多方面具有互补性，男女在一起工作会更充分地表现出这种互补性。假如女人和女人在一起工作或男人和男人在一起工作，就不能体现这种性格方面的互补性，工作的效率也肯定会受到一定影响。

除了心理和精神方面的因素以外，研究人员还提出了另外一种解释"男女搭配，干活不累"的理由。20世纪70年代后期，科学家对外激素的研究兴趣日益增强，并发现了外激素活动对人及动物行为的影响规律。外激素是通过分布在人或动物皮肤或外部器官上的腺体向外释放的激素。这种激素一般都有明显的气味，而这种气味又非常容易被周围的异性接收到，并对他们的行为产生影响。

"男女搭配，干活不累"可归结为"同性相斥，异性相吸"的"异性定律"。在宇航员、野外考察人员等男性工种较单一的职业中，时间长了，其工作人员会产生一种莫名其妙的头晕、恶心和浑身不适感。这种状况用药物治疗往往无效，但在与异性接触后，就会很快得到缓解。原来，这种"病症"是性比例严重失调，异性气体极度匮乏的结果。

在一个群体中，有男有女，和单独一种性别的群体，有一些微妙的差别。无论男性或女性，长时间从事某一单调工作时，会感到寂寞、疲劳、工作效率低下等。而增添了异性后，这种情况马上会得到缓解，时间也感觉过得很快，工作也感到轻松多了，而且效率特别高。

在社会生活中，如果一些企业、单位能对异性定律进行合理的利用，可以让许多事情达到事半功倍的效果。异性在一起工作，往往有以下好处：

（1）取长补短，完善个性。男人一般性格开朗、勇敢刚强、果断机智，不拘泥于小节，不计较得失，行为主动。而女人往往文静怯懦、优柔寡断、感情细腻丰富、举止文雅、灵活、委婉，性格比较被动。男女在一起，能够进行优势互补，同时容易发现自己的缺点，并完善自己。

（2）增强推动力和约束力。人总是想在异性面前表现自己最好的一面，因为得到异性青睐是我们的巨大动力。这样男女在一起，就容易激发出各自最好的表现，各显其能，发挥出最大的能力，同时还会产生一种内在的心理约束力，来规范自己的言行。

（3）增强凝聚力。男女搭配，可以使一个群体的成员增强感情依托、荣誉感和凝聚力，从而提高工作效率。

如何避免"人多力量小"

看到这个标题，你一定会觉得很奇怪，都说"人多力量大"，怎么这里却说"人多力量小"呢？请先看下面一个故事。很久很久以前，一个小和尚独自一人住在山上的一座小庙里。他每天挑水、念经、敲木鱼，给观音菩萨案桌上的净水瓶添水，夜里不让老鼠来偷东西，生活过得安稳自在。

不久，来了个瘦和尚。他一到庙里，就把半缸水喝光了。小和尚叫他去挑水，瘦和尚心想，一个人去挑水太吃亏了，便要小和尚和他一起去抬水。两个人只能抬一只水桶，而且水桶必须放在扁担的中央，两人才心安理得。这样总算还有水喝。

后来，又来了个胖和尚。他也想喝水，但缸里没水。小和尚和瘦和尚叫他自己去挑，胖和尚挑来一担水，立刻独自喝光了。

从此之后，再也没人挑水，他们也没水喝了。大家各念各的经，各敲各的木鱼，观音菩萨的净水瓶也没人添水，花草也枯萎了。夜里老鼠出来偷东西，谁也不管。结果老鼠猖獗，打翻烛台，燃起大火，三个和尚这才一起奋力救火。大火扑灭了，他们也觉醒了。此后三个和尚齐心协力，每个人都抢着挑水，他们终于又过上了安稳的日子。为什么庙里有三个和尚的时候却没水喝呢？这是因为在群体活动过程中，因为责任分散，存在一种损耗现象。这是管理中经常遇到的难题。

有人认为，一个具有共同利益的群体，一定会为实现这个共同利益采取集体行动。但心理学家却发现，这个假设不能很好地解释和预测集体行动的结果，许多合乎集体利益的集体行动并没有发生。相反，个人自发的自利行为往往导致对集体不利，甚至产生极其有害的结果。

这就意味着：一个集团成员越多，以相同的比例正确地分摊关于集体物品的收益与成本的可能性越小，搭便车的可能性越大，因而离预期中的最优化水平就越远；集团规模越大，关于参与开展集体行动进行讨价还价的人数越多，从而讨价还价的成本会随集团规模的扩大而增加。由此，大集团比小集团更难以为集体利益采取行动，也就是所谓的"三个和尚没水喝"。因而说"人多力量小"是有一定道理的。

"三个和尚"故事的寓意是人多反而难办事，就如西方人的谚语"厨师太多毁了一锅汤"。但是这也不是绝对的,因为还有一句古话:"三个臭皮匠,顶个诸葛亮。"这句话说的是团体的努力优于个人,那么到底哪个更符合实际呢?

从心理学的角度来讲,这两句话都有其正确的时候。因为在解决问题的时候,人数的多寡并不是决定性因素,工作性质、工作者的动机、情绪等才是重要的方面。

心理学家发现的确存在所谓的"社会浪费",它指的是在团体作业中个人工作效率随团体人数增加而下降的现象。例如在一次实验中,心理学家召集了一些人,要他们每人大声喊叫,并记录其音量。然后将他们编组,分别为每组2人、4人、6人不等,也要他们大喊,并记录每人的音量。结果发现,虽然团体喊叫的总音量随人数增加而增加,但个人的音量却随团体人数增加而降低。也许每个参加过合唱团的人都会有这样的体会。

不过,在团体作业方式下,个人工作效率并不一定下降,比如在组队参与体育竞赛时,通过相互合作很可能提高各自的成绩,这又是为什么呢?

这是因为竞赛中个人的表现随时引人注目,从而使团体成员都受到重视,避免了旁观者效应;另外在竞赛时队员之间往往分工明确,职责固定,自然能激励每个人发挥水平,全力争胜。

事实上集体解决问题的主要优势在于其拥有的知识或特长更多,因而在解决那些无法依靠个人完成的任务时更有利,使一个问题可以解剖为几个相关部分由团体协作完成。但是处于团体中的一个人也会因为要处理好与其他人的关系,使得工作效率下降。另外,团体作业也会对个人的创造性有所阻碍,因为人们经常由于害怕自己表现得与众不同而放弃一些具有独创性的思路或方法。

"人多力量大"与"人多力量小"都不是绝对的，要具体问题具体分析，一般来说，在下列条件下，会出现"人多力量大"的情形。

（1）团体成员之间出现了"收益不对称"，假设个别成员从集体行动中得到的利益比其他成员大，他为集体行动做贡献的积极性也就越大。

（2）如果团体成员之间存在着"选择性激励"，即依据业绩、成就实施现代绩效考核，那么人多的团体力量就更大。

我们应该不断完善自己的管理机制，促使团队成员发挥其最大的能量为团体服务，让"人多力量也大"。

错位导致人才浪费

一家电脑软件公司一度因为市场竞争激烈、效益不好而濒临破产，正在这时，公司的一名电脑程序员开发出一个新的软件操作系统，投入市场后大受欢迎，销售火爆，使得公司起死回生。为了嘉奖这名程序员为公司做出的重大贡献，总经理建议将他晋升为部门经理。

没想到这位程序员一口回绝："我学的是程序设计，不懂人事管理，如果您提升我的话，我只会浪费大家的时间而一事无成。噢，我手头还有一个程序要做，我可以走了吗？"说罢匆匆而去。这位电脑程序员后来缔造了自己的软件王国，他就是现今世界著名软件公司——切斯尼公司的总裁达伯兹。试想，如果当时达伯兹接受了总经理的建议，出任部门经理，他或许就会成为一个庸碌无为的经理，而不会有今天的切斯尼公司了。

对个人而言，虽然我们每个人都期待着不停地升职，但不要将往上爬作为自己的唯一动力。因为有时候晋升并不意味着自己的事业上了一个新的台阶，相反，一个人往往会因为晋升而把自己推向一个很狼狈的处境，使自己的事业之路遇到严重的挫折。

有专家研究发现，不对口的岗位能给人的才华造成20%~30%的浪费。难怪有人说："人不适位位废，事不宜人人疲。"这句话说得很有道理。

研究发现，错位带来的人才浪费主要是由于岗位心理不适应造成的。所谓岗位心理适应是指人的心理特质与所处岗位所要求的心理特点相适应。一个人的心理特质与自身的兴趣、性格、气质、能力、需要、动机等因素密切相关。一个人若从事其感兴趣、与其性格相适应、与其能力相匹配的工作，他工作起来就会得心应手，心情舒畅，易于取得较出色的成绩，即使遇到困难，也会战胜困难、勇往直前。反之，一个人若从事与其性格、兴趣、能力不相匹配的工作时，则其特长和优势就得不到充分发挥，工作起来也没精神，遇到困难也不会主动去解决，这样反而会大大降低工作效率。

如果你想让你的员工为公司创造更多更大的价值，你必须让表现比较出色的员工成为这一领域的超级人才，不要期望他成为全才；要把"超级人才"的工资、奖金增加到比某些岗位的主管还多；你必须让身边的许多员工在他们擅长的领域中发展，设法发挥他们的优势，发掘他们最大的潜能。

表面看来，综合素质很高的人仿佛各方面都很优秀，但事实上他们并不一定能把各项工作都做得非常出色，所以最成功的管理是：设计一种机制，使每个员工都成为某一领域的世界级"职业冠军"。

在大多数情况下，让稍有成绩的员工成为全才，不如让他单向发展成为世界级"职业冠军"更具成效。奇怪的是，有许多公司没有这样做，他们不断地去培训员工，希望每位员工的综合素质都很好，希望每位员工都可以胜任各项工作，而一旦某位员工在某方面取得了一定的成绩后，马上就提拔。结果会怎样？劳伦斯丁·彼得曾经对许多企业管理者发出这样的警告，如果继续沿着这条道路走下去，那么最终会把每个员工提升到一个他所不能胜任的职位上，从而造成人才浪费。

不幸的是，许多年以来，大多数公司都这么做，如果某位员工在一个职位上表现得出色一点，没过多久就会被提拔。许多企业的管理者都认为这样做是天经地义的，是对员工工作表现的一种肯定。大多数公司一直把工资、奖金、头衔、升职跟员工的表现和职业阶层挂钩，所处的阶层越高，工资就越高，额外津贴就越丰厚，头衔也越大。企业所发出的每个信号都在告诉员工，你在某一时期内必须这么表现，否则你就得不到提升，你劳动后所得的工资就不可能增加。只要你在原来的岗位上表现得很出色，你就无须在这个低级的岗位上待多久。出发点是好的，但结果却是把每个员工都引领到十分尴尬的境地。为了提升，为了赢得同事们表面上的尊敬，他们必须向上爬，爬上一个并不适合他们的职位上，等到回头看时，却发现自己已在悬崖边上，稍不留神就坠向失败的深渊。即使他们坚守住了这块费了九牛二虎之力才得到的阵地，也只能碌碌无为地在这个位置上终其一生。

作为管理者,一定要避免错用人才带来的人才浪费。在选用员工时,要充分了解其兴趣、性格、能力等诸方面的因素,在经过综合评价之后再将其安排到合适的工作岗位,只有这样,才能人尽其才,使员工的最大才能得到充分发挥。

第四章
量才适用，人人各得其所

接纳反对和犯错者

领导者不理解他人的个性，不能容纳他人的特点和要求，会使人与人之间的关系不融洽，甚至出现裂痕，带来严重的后果。《三国演义》里塑造了一个度量狭小的人物周瑜，他看似潇洒飘逸，而实际上却是气度狭隘、小肚鸡肠，不能容纳计谋高出自己许多的诸葛亮，最后落得个抚琴直叹"既生瑜，何生亮"，抑郁而亡。

历史证明，大凡成大事业者，都具有容纳反对自己的人的胸怀。东汉时期曹操打败袁绍后，把收缴到的部下的通敌信函全部烧掉，一概不加追究。这种以德报怨的度量，换来了部下的拼死效力，成就了霸业。现代管理学认为，在一个团体中，如不加人为因素，对领导者存在着支持、反对和中立三种态度，其比例一般为2∶2∶6，中立方往往视支持、反对两方的势力大小而表明态度。

因此，领导者应把主要精力放在争取、转化反对者身上。要做到这点，前提就是领导者要有宽阔的心胸，能够容忍和接纳反对者，使"对手"成为自己的助手。当然，这是一个持续不断的过程，容纳了一批反对者，又会出现新的一批，只要采取愉快的心情来接受挑战，就会成为一名成功的领导者。我们发现心胸宽阔的领导者，能事先营造出让部属放手干事情，不怕出错的氛围，一旦部属出了错误，这种领导者还会首先站出来为部属承担责任。

世界最大的造船集团的总裁，为了使部属放手去做，无后顾之忧，常向部下表明"由我负责，失败了由我赔偿"。作为领导，当部下出了差错，如果因畏于上司责难，担心名利受损，而为自己辩解、推诿，以求明哲保身，既容易导致被人看作是无能的领导，丧失号召力和应有的威信，也容易导致部属缩手缩脚，生怕出事而消极工作。而勇于为部属承担责任的领导，恰恰表明了他的胸怀和度量。

领导者的宽容大度对追随者来说是一种强有力的感召，是建立非权力领导力的重要因素。

容才比求才更难

俗话说，"宰相肚里能撑船"，这指的是，求才不易，容才更难。领导者应当有容才的胸怀、气魄和度量，容下各种人才，做到大度能容难容之士，海量能纳难纳之言。领导者在容人方面应该做到以下几点：

第一，能容忍曾经反对过自己的人。

第二，能容有缺点的人。领导者要有容人之量，必须能容有缺点的人才。因为人才虽有其长，也必有其短，而且常是优点越突出，缺点也越明显。比如有的人恃才自傲，有的人不拘小节，有的人不注重人际关系，有的人有奇习怪癖。领导者对人才要用其所长，而在许多方面容忍他的缺点。

第三，能容不同意见者。作为领导者，要善于分析自己的不足，善于接纳他人的意见。因为作为领导者，必须知道，一个人的智慧是有限的，而只有能容不同的意见者，才能做到认识全面、理解全面，也就是通常所说的"兼听则明，偏听则暗"，要善于倾听持不同意见者的声音。

洛克菲勒曾在评价自己的班底时说："我的班子由两种人组成，一种是有才干的朋友，一种是有才干的敌人，敌人是过去的，而今天已经是朋友了。他们绝非乌合之众，庸碌之辈，他们全能独当一面。我无须面面俱到，我要做的只是统管全局，确定战略，他们每个人都是天才。我想，这就是美孚公司获得成功的原因。"这同样也是洛克菲勒家族获得成功的原因。

第四，敢容超过自己者。事业的发展，不是武大郎开店，找比自己更低的人。一个企业要发展，就应该招到贤良之才，作为一个成功的领导者，就应敢容超过自己者。有的人对比自己弱的人还能奖掖，而对和自己旗鼓相当，甚至可能超过自己的人就不敢奖掖，生怕动摇了自己的权威宝座。欧阳修明明知道苏轼将会超过自己，却大力奖掖，心甘情愿地"让他出人头地"，这种容才之量令人肃然起敬。

容人必须信人，容而不信，就成了"虚容"，是一种虚伪的权术，最终必为人们所识破。而一旦识破，必然会人心离散，甚至众叛亲离。如果宽容而又信任，则情况就会大不一样。因为，信任可以产生一系列重要的心理效应。它可以增强人的安全感，增强自信心，产生期待感，满足人的心理需要，强化下属的主动性和创造性。

不管从事什么行业，要想成功，领导者必须创造一种能使下属有效工作的环境，如果你在管理中损害他们的自由和自发感，只让他们关心细节，那是不够的，你必须彻底理解他们，给予他们自己需要的东西，才能使他们做出更大的贡献。

观察一下那些离开你的公司并在他自己的企业里获得成功的人，你会觉得他们离开可能并不只是为了金钱，他们需要的是发扬自己风格的机会，他们需要认同、信任、尊重和赞赏，一个企业的领导人如果这样做了，十有八九他们就不会离开了。

作为领导者，在利益、思想、方法方面，难免会与下属产生这样或那样的矛盾或冲突，其原因也是多种多样，不一而足的。

作为一名领导，如何处理好与下属的关系，让他们成为自己事业、工作上的好助手，而不是绊脚石，就需要掌握一定的方法和原则。

最重要的是学会团结下属，在前进的道路上同舟共济，一条心去克服所遇到的困难。如果忽视团结的重要性，不去努力建立与下属的各种关系，不注意下属对你自身发展的影响，你很可能会自食苦果，你的下属也会炒你的鱿鱼。

作为一名领导，下属对你的议论会通过各种各样的途径传到你的耳朵里，你当然不喜欢这些议论，认为这是对你的贬低，甚至是诋毁。但若想让你的下属少说一些你的坏话，你就需要从自身来做起。

有一些下属的心胸比较狭窄，遇事总爱斤斤计较，嘀嘀咕咕。你只要一冒犯他，他立刻就会对你心存不满。你的行为如果让他受点气，他也会记在心头，三天三夜睡不好觉。作为领导者，对这种人要学会忍让，尽量不去触犯他。在分配工作任务时，不要面对面直接分配给他，最好集体一块儿分配，让他明白分配任务的公平性、合理性，使他获得心理平衡，不会因为任务的轻重不一而生出意见来。

但是，一旦下属的行为确实触犯了部门的利益，你就要按原则去办事了，和他诚恳地讲清道理，说明缘由，该怎么处理就怎么处理，千万不能姑息迁就。

当然，下属可能会大为不满，心存怨恨。这就需要你去做细致深入的说服安慰工作。如果他一味地不讲道理，你可以客气地停止对他的劝说工作，把精力转移到自己的工作上来，不去理他。部门的发展是首要的，切不可让一条鱼腥了整锅的汤。

赏识各种个性

领导者的包容根源于他对人的多样性的认识，对人的个性的尊重，对人的发展的重视，这是一种真正意义上的人本主义。人都是有个性的，但我们一度曾将有个性的人拒之门外。那种日子已经一去不复返了，而今，重视个性对经营的成功是至关重要的。

这一事实令思想不健全的领导者们大为不安。他们厌恶个性，并对其怀有极大的偏见。他们往往狂妄自大，觉得自己高人一等，并且认为人天生就是不同的，也不可能平等。所以，他们往往很武断，从不对别人的观点加以考虑，尤其他们还固执地强调员工在工作中的一致性。而事实上，员工们追求的是保持自我，而不是一味地顺从领导者们的意愿。这就引发了在工作中频频出现的对抗及冲突。

与之相反，杰出的领导者非常赏识独树一帜的个性。他们认为人天生是平等的，但又是不同的，而且每个人都会做出各自不同的贡献。在这些领导者看来，每个人都是其周围的人的延续。因此，我们有权利使别人接受我们自己。

对于杰出的领导者来说，这些个体之间的差异不会给他们带来丝毫的威胁。事实上，他们乐于看到下属在工作中表现出非凡的才能及独到的见解。怎样驾驭及充分利用这些差异是对他们领导才能的挑战，这也是他们乐此不疲的事。

差异是商业经营中所必须涉及的问题。公司需要各种各样的员工来为商业市场具有各种需求的用户提供服务，并为自己的产品开拓新的市场。那么，作为一名领导者，怎样才能创建这样的具有多样性的员工队伍呢？他应该首先自省，检查自己个性中是否存有偏见，是否胸怀宽大。杰出的领导者知道自身的偏见会影响他们的领导方法，他们会努力扭转自身的偏见使其不会成为阻碍领导机构的绊脚石。

这些杰出的领导者还竭力培养自己完整的人格——既具有男

性竞争的特点,也具有女性合作的特点,了解并挖掘他们自身的个性会帮助他们更好地处理机构内部存在的差异。

杰出的领导者能够这样做是因为他们的想法与众不同。他们首先认为,人作为一个个体、社会的一员、世界的公民,都是在各自的人生旅途中。总的来说,我们都非常需要得到别人的尊重;我们都希望在工作中身心愉快,并且有展示自己的自由,不遭受任何歧视。只有在这个时候,我们才乐于为这个机构冒险,并全力以赴地工作。

普通的领导者在日常工作中遵循以下信条:勇敢地面对及抨击偏见,确保在工作和就业机会上平等,对主流社会以外的人加以特别的照顾,因为他们知道,这些人特别容易感到孤独。在这种氛围下,每个人,无论何种肤色、性别及生活方式,都有可能被雇用、提升及解雇。

为了确保这些方面得以实现,领导者采用吸引不同类型的员工、提供特殊的教育、建立他们之间的内部网络机构、为他们庆祝自己的节日等领导方法。但是,卓越的领导者的做法则更胜一筹。他们所做的远远超过只是容忍人的个性及建立相互尊重的氛围,他们所做的是把人的个性看作发明创新及萌发灵感的源泉。

只有当多样性成为每个人都关注的问题时,它才能真正地发挥作用。每个人在工作中都必须施展各自的特殊才能,重视他人的个性,支持共同事业的发展。

杰出的领导者格外地赏识员工的个性。当他的下属在工作中施展自己独特的个性及想法时,他会感到兴奋不已。企业所面临的挑战就是寻求管理及驾驭这些个性的方法。

要做到这一点,领导者首先必须对多样性有广义的了解。他们为多样性下的定义应该远远超越年龄、性别、种族等几方面的差异,它还应包括生活方式、宗教信仰、工作习惯及个性等诸方面的差异。

优秀的领导者能够容忍别人的个性,不把别人的个性看作是一种威胁。他们知道,当今社会,人们不愿意放弃自己的个性,屈从于机构。好的领导者能试着去接受员工的想法,站在员工的角度上考虑问题,并且允许具有个性的人发表自己的看法。

不同的人需要不同的领导方式。在当今世界,领导者用不同的方式去应付员工的各种差异是企业成功的先决条件。优秀的领导者知道,最终的成功要靠具有各种个性的员工联合起来,为机构的共同目标奋斗。有的时候又需要领导者坚持自己认为是正确的做法,即使有时这意味着要违背那些具有差异性的员工的想法。

让平凡的人做出不平凡的事

德鲁克说:"今天的组织需要的是由一群平凡的人,做出不平凡的事。"德鲁克认为,企业管理者必须帮助员工获得工作成就感。员工只有不断获得工作成就感带来的激励,才能为促进企业的发展而竭尽全力。因此,管理者应该将注意力集中在解放员工的生产力上,使他们把受局限的能力水平发挥到一个极限。阿姆科公司是一家从事钢铁行业的企业。在钢铁业逐渐成为"夕阳工业"以后,它的日子开始很不好过,尤其在进入20世纪90年代以后,公司的资金不断流失。在这种情形下,吉姆·威尔走马上任,开始进行根本性的改革以挽救公司。他的一项最重要的举措就是："非把每个人都拉来战斗不可。"这不是一句宣传性的战斗口号，而是威尔在企业改革的过程中切身体会到的最紧迫的问题。

有一次他把心理学家请进公司，派他们到业绩最好的工厂去，请他们找出工厂里实现成功的真正带头人，弄清成绩应归功于谁。结果令他惊奇的是，心理学家们回来竟说："工厂里没有带头人。"威尔不信："什么，在我们最赚钱的为顾客服务最出色的工厂里竟然没有带头人？"心理学家们说："对。工厂里有我们前所未见的最佳团队。所有的人都在互相合作。每一个人都把功劳归于别人。没有整个团队什么也干不成。"

自那以后，威尔对用人有了新的看法，他决定建立一套新的训练制度以鼓励团队行为。"以前我们发现了杰出人才马上把他提拔到公司中心去，使他离开了主流大众，这样做效果并不好。"于是，阿姆科公司设法造就一种新型的领导者，这种领导者不是在那里想方设法最大限度地展示个人的才能，而是尽可能地发挥团队的力量。他总是把成绩归功于他的部下，他能了解谁最需要帮助，对需要帮助的人说："我来帮你得到你所需要的帮助。"

在这套新的领导方法实施以后，威尔发现他成功地达到了他的目的——把公司的每一个人都拉来战斗。正如他自己所说的："从全世界的角度来看，这是一场全面的战斗。每个人都在力图把我们的公司抢走。我们努力把公司赢回来，使之成为一个非常成功的公司。我必须使公司里的每一个人，不分男女老少都同我一起投入这场战斗。"

正是由于他果断地改变了过去的做法，靠团队而不是个人，他终于成功地把公司的每个人都拉进了与他并肩作战的行列中,而在他发现他做到这一点以后,他又有了另一个令人惊喜的发现——公司亏损的局面得到了遏制。不久公司的账面上开始有了新的赢利,且赢利的数额越来越大。2000 年,金庸给马云题了一幅字:"善用人才为大领袖要旨,此刘邦刘备之所以创大业也。愿马云兄常勉之。"马云将它挂在自己办公桌的前面,时时提醒自己要重视人才。他说:"挂在办公桌前面,这是给自己看的,挂在后面是给别人看的。"

美国作家汤姆·彼得斯认为:"再了不起的人也比不上一个伟大的团队。"任何企业的成功都是团队努力的结果。管理者要在打造优秀团队上做足文章。

给予人才最适宜的评价

在一个团队中,每个成员形形色色,有人会自我膨胀,有人爱讲究资历,也有人会不按常理出牌。这就需要管理者在进行考评时要始终坚持一个重要原则:给予他们最适宜的评价。王丽在某食品公司担任地区经理。她分管 10 家供应站,每站有 1 名主任,负责向一定范围内的客户销售和服务。她所在的公司不仅服务于航空公司,也向成批订购盒装中、西餐的单位提供所需食品。公司雇请有厨房工作人员,采购全部原料,并按客户要求的规格,烹制订购的食品。供应站主任要负责订计划,编预算,监控分管指定客户的销售服务员等活动。

王丽手下 10 名主任中资历最老的是张成丰。他只念过一年大专，进公司后，从厨房代班长干起，三年前当上了如今这个供应站主任。经过近一年的接触，王丽了解了老张的长处和缺点。老张很善于和他重视的人，包括他的部下和客户们搞好关系。他的客户都是"铁杆"，三年来没一个转向竞争对手去订货的；他招来的部下，经过他指点培养，有好几位已被提升，当上其他地区的经理了。

不过他的不良饮食习惯给他带来了严重的健康问题，身体过胖，心血管病加胆囊结石，使他这一年里请了三个月病假。其实医生早给过他警告，但他置若罔闻。再则，他太爱表现自己了，做了一点小事，也要来电话向王丽表功。他给王丽打电话的次数，超过另外9位主任电话数的总和。王丽觉得过去共过事的人没有一个是这样的。

由于业务扩展，已盛传要给王丽添一名副手。老张已公开说过，站主任中他资格最老，他觉得这地区副经理非他莫属。但王丽觉得老张若来当她的副手，真叫她受不了，两人的管理风格太悬殊；再说，老张的行为准会激怒地区和公司的工作人员。

正好年终考绩要到了。公正地讲，老张这一年的工作，是干得挺不错的。公司的年度考绩表总体评分是10级制，10分是最优；7~9分属良；5~6分合格、中等；3~4分是较差；1~2分最差。王丽不知道该评老张几分。评高了，他就更认为该提升他；太低了，他准大为光火，会吵着说对他不公平。

考虑再三后，王丽给老张考绩总体分评了个6分。她觉得这是有充足理由的：因为他不注意卫生，病假有三个来月。她知道这分数远低于老张的期望，但她要用充分说理来坚持自己的评分。

她知道这个分数对他来说是非常合适的。王丽碰到的情况，很多管理者都会碰到。这是主管在进行绩效考评时的难题：如何恰当地对下属进行绩效考评。

对下属员工进行绩效考评，要从多方面情况加以考虑。应该主要看下属员工的工作成绩，其他方面的问题虽然也应考虑到，但不能偏离重心。只有恰当地对下属员工进行考绩，才能真正使做出成绩的员工受到鼓励，并自我修正缺点，从而在工作中做出更大的成绩。

第五章

人尽其才，注重扬长避短

让人人都发挥自己的最大潜力

　　孙子说："兵非贵益多也。"(《孙子兵法·行军第九》) 在孙子眼里，打仗并不是兵越多越好。这句话反映出了《孙子兵法》的精兵主义思想。对于企业而言，如果组织结构设置不当，就会因机构庞大产生冗员过多的现象，影响运转效率。最好的方法是使组织结构保持精简，使每个人都能发挥出三倍的效用。日本来岛集团下属有180家公司，全以"少数精锐""多元化"为其经营理念。将这两个理念合而为一，最能体现出其员工的劳动状况，即"一人三用"。这就是说，一个人最少要负责三项工作，当然，要负责二三十项工作的人也比比皆是。除了特殊职种，在来岛船坞的两万人中，大部分都能轻松愉快地担负三项以上的任务。

例如，片上久志名片上写的是"来岛船坞业务部"，其本行业务的内容包括总务、人事和福利等。通常他告诉别人"我负责员工全部职责"，但他的名片所载明的职责却非其本行，他所担任的是某餐厅的经理职务。

经理并非只是偶尔到店里露露面、查查账，而是必须担负一切责任。举凡土地购买、取得政府许可、与建筑商接洽、一切用品的采购、订菜单、购买材料、选录人员、价格设定、广告宣传以及其他各种手续，全由经理一人负责。虽然他本身不负担资金，但他所扮演的角色却与一般餐厅的老板无异。

片上久志虽然只有30岁出头，但却有极丰富的工作经验。数年前，他单独前往广岛县丰田郡芸津町与町长议事，并担负太平工业再建的重任。当时的太平工业只是一个造船工厂，还称不上是公司。因为该处只有造船者，没有直接部门。由于当时来岛集团刚接收了这个工厂，需要对外联系人员，于是选择了片上久志。

片上久志虽没有任何头衔，事实上却具有左右组织的力量，以及相当于业务部长的权限。虽然在太平工业中也有厂长、部长，但他们从未因片上久志年轻而倚老卖老。他们有的只是较高的职称，监督责任权则在片上久志手里。

这样，在工厂片上久志一人独掌众务，如薪资、银行交涉、包工管理、采购、劳工协商、官方交涉、船主接洽等皆为其职责所在。因此他的能力被强迫性提高，两年后再回来时，其能力已有相当惊人的发展。但这并不是表示他具有特殊才能，继片上久志之后，每2～3年都会有两个人去接替相同的工作。也就是说，片上久志只是来岛集团中极普通的一名员工。

来岛集团的领导人认为，一个人一直待在同一部门，所学终究有限，因此在一段时间后每个人都必然要做机动性调动。目的不在排除某些人，而在使人人不断获得新的经验。等他再调回来时，就可以担任比原来更高级的工作。

在来岛集团，社长的司机兼任接待这也是正常的，也充分体现出一人多用。坪内寿夫没有专职的司机，开车的司机是集团治下太洋计程车行所属，因此司机的本行是每日载运许多不特定的客人。而这个人只是社长三个司机中的一个。当坪内叫车时，三个司机轮流替他驾驶。坪内的座车是1971年型的奔驰，也属太洋计程车行的营业车，平日仍以客人优先，只有车空时坪内才使用。

开干部会议时，一般社长专用车在这种时候是待命到下午5点会议结束，但坪内寿夫的司机则不然，他利用这段时间协助装配500份便餐，下午3时左右在酒吧柜台负责接待。"我一有空就到这里帮忙，因为我也会泡咖啡。再说5点以前社长都不会离开会场，我待在那儿也是闲等。"司机这样答道。

一般情况下，计程车司机、社长专用车司机、吧台接待都是分别独立的工作，应由专人负责。但因为司机是来岛集团的一份子，所以兼任三职。对此，坪内寿夫说："我们集团中不需要专家，要的是视野宽广、能屈能伸的人。让一个造船者经营餐厅，就是要他拓宽视野，在关于如何提供物美价廉的服务上，造船与餐饮是具有异曲同工之处的。"

来岛集团的用人方针为"一个人当三个人用"，把每一个人都培养成"多面手"，可以胜任不同的工作。一人多用，对企业来说，可以用少而精的员工来完成需要更多人才能完成的工作，在不影响工作效率的同时，降低雇用成本。

著名通信品牌索爱的培训就是将员工朝着"全能战士"的方向去培养。索爱的员工培训不仅培养员工的学习能力，还培训员工的沟通能力、创造性和解决问题的能力以及基本知识等几方面。基本知识不仅仅限于工作范畴，还包括商业经营的基础内容。在有些公司，技术人员无须了解财务和企业运作方面的知识。而在索爱，每个接受基本技能培训的员工都有这门课程的学习。在索爱看来，技术人员也得知道"公司的利润从哪里来"；当然，财务人员也有必要知道 GSM（全球移动通信系统）和 WAP（无线应用协议）。索爱要求员工掌握全面性的知识，目的在于使员工具有更强的工作能力。

千万不要以为人才越专越好，分工越细化越好，一人多用，也可为企业管理运营带来意想不到的好处。

鼓励每一个人争当先进

有一天晚上，索尼董事长盛田昭夫按照惯例走进职工餐厅与职工一起就餐、聊天。多年来他一直保持着这个习惯，以培养员工的合作意识和与他们的良好关系。

这天，盛田昭夫同往常一样在餐厅吃饭，但他忽然发现一位年轻职工郁郁寡欢，闷头吃饭。于是，盛田昭夫就主动坐在这名员工对面，与他攀谈。几杯酒下肚之后，这位员工终于敞开了心扉："我毕业于东京大学，有一份待遇十分优厚的工作。进入索尼之前，我对索尼公司崇拜得发狂。当时，我认为进入索尼，是我一生的最佳选择。但是,现在才发现,我不是在为索尼工作,而是在为课长干活。坦率地说,我这位课长是个无能之辈,更可悲的是,我所有的行动与建议都要由课长批准。我自己的一些小发明与改进,在课长眼里却成了'癞蛤蟆想吃天鹅肉',对我来说,这名课长就是索尼。我十分泄气,心灰意冷。这就是索尼?这就是我崇拜的索尼?我居然放弃了那份优厚的工作来这种地方!"

这番话令盛田昭夫十分震惊,他想,类似的问题在公司内部员工中恐怕不少,管理者应该关心他们的苦恼,了解他们的处境,不能堵塞他们的上进之路,于是产生了改革人事管理制度的想法。盛田昭夫立即着手处理这件事情,不久后,索尼公司开始每周出版一次内部小报,刊登公司各部门的"求人广告",员工可以自由而秘密地前去应聘,他们的上司无权阻止。

另外,索尼原则上每隔两年就为员工调换一次工作,特别是对于那些精力旺盛、干劲十足的人才,不是让他们被动地等待工作,而是主动给他们施展才能的机会。在索尼公司实行内部招聘制度以后,有能力的人才大多能找到自己中意的岗位,而且人力资源部门可以很容易地发现那些"流出"人才的上司所存在的问题。作为领导者,就应该鼓励内部竞争。唯有鼓励内部竞争,才能冲破惰性和陈腐势力的束缚,造成一个"人人争当先进"的良性竞争的局面。

鼓励竞争的方法多种多样,常见的有以下 4 种:

(1)果断起用有竞争力的人才,尽量避免掐尖行为。有魄力的领导者为了迎头反击习惯保守势力的掐尖行为,往往干脆采取"及时起用"的用人战术,十分果断地将实绩突出的人才尽快提拔到关键性的工作岗位上来，造成既成事实，使热衷于造谣中伤的小人企望落空，自感没趣，被迫偃旗息鼓，草草收兵。采用此法的关键在于事前要做好必要的考察了解工作，必须"看准"冒尖者。

（2）在关键时刻公开宣传具有竞争力的人才的实绩。具有竞争力的人才感到最痛苦和难熬的时期，就是刚取得一些突出实绩，就立即招来满城风雨的微妙阶段。面对掐尖歪风，一个有正义感的领导者，绝不能袖手旁观，无动于衷。此时此刻，他对具有竞争力的人才的最有力的鼓励和支持，莫过于选择一个适当的场合，向全体职工公开宣传这些人才的实绩。

（3）及时中止少数品行不端之人、庸才的掐尖行为。对于少数躲在人群里散布流言蜚语的掐尖者，领导者只要一经发现，就应该不留情面，立即对他们进行严肃的批评教育，迫使他们及时中止对先进人物的掐尖行为。

（4）对实绩显著的人才给予适度的表彰和鼓励。在精神上和物质上给富有竞争力的人才以适度的鼓励，不仅有利于鼓舞少数竞争者的斗志，激励他们更快地成长，而且也在公众面前树立起一批具有说服力和示范作用的榜样。

总之，鼓励竞争时，领导者必须善于选择最有效的鼓励手段，最关键的鼓励时刻，最合适的鼓励场合，并且掌握最合理的奖励分寸，以此来扶持一大批有发展潜力的竞争人才，并通过他们，带动更多的下属投入到你追我赶的良性竞争之中去。

建立人尽其才的机制

企业实现执行力的关键是需要建立一种协同个人贡献的机制，即"群体运行机制"。企业的管理者为了提高公司业绩和执行力，已经越来越重视人才的使用。但大量事实证明，单纯关注个体员工使用的管理者并不能保证一个组织高效运行。

沃尔玛的群体运行机制就很有效率，一直为业内效仿。在20世纪90年代初，沃尔玛的创始人山姆·沃尔顿从周一到周三，每天都要派出大约30名主管去调查9家沃尔玛商店和6家竞争对手的商店。他们搜集出很多商品的价格，并做对比。在调查商品价格的同时，这些负责调查的主管们还会观察货物是怎么摆放的，消费者在购买些什么，商店的外观、氛围如何，竞争对手采取了哪些新的措施，雇员的反应如何等。

这个机制的高效率秘诀在于管理者和现场执行之间没有隔层。没有隔层的最大意义在于时间和质量，没有延迟，没有扭曲，没有怀疑。星期四的早上，沃尔顿会召开一次4个小时的会议，与会的还有约50个经理。他们中有考察商店的主管、物流经理，还有广告部负责人。通过考察结果，他们很快就会做出类似某地区需要10万件羊毛衫上架这样的决定。

观察家表示，沃尔玛这套运行机制的关键在于，创始人山姆找到了最适合从事调查工作的人，这个机制保证了调查人员的效率，保证了因为调查结果而决策的效率。通过这样的机制，能够使调查的主管积极工作，使商店的执行人员迅速根据决定进行调整，使物流和广告投放人员在团队运行下高效工作。在这里，人们协同一致地工作。同时，还增强了责任感。如果有人在工作中没有尽力,自然就不能为星期四的会议做好准备,在会上马上就能被山姆看出来。

保证人尽其才,这需要在合适的岗位安排合适的人才,并使这些人才协同一致,以此来提升团队的运行效率。迪克·布朗就是设计这种制度的高手。他在1999年1月当上了IT服务业的巨人——电子数据系统公司(EDS)的CEO。而在他上任之前,公司庞大的规模和全球化经营使EDS陷入了繁杂的事务中。EDS试图调整业务,但结果很不理想——业务大幅萎缩,连续几年未能达到预期赢利目标。

布朗创立了群体运行机制,以保证业务的成功。其中最重要的一项是每月1次的"执行会议"——一个包括来自全球约100个EDS业务主管的电话会议。在会议中,每个单位的月成果和自年初的累积成果都要被讨论到。这样很快就可以知道谁做得好,谁需要帮助。这使每个部门不得不高效工作,避免居人之后。另外,在与业绩不理想的主管的对话过程中,布朗会刨根问底,以此使落后者感到压力,从而迎头赶上。

布朗设计的群体运行机制以其公开、公平、透明的特点赢得了公司上下的赞誉,使每个主管都会根据业绩的需要自觉调整自己的团队,力求每一个人都是在他最合适的岗位上工作。布朗每两周都要给全体员工发电子邮件,让他们了解公司的一些特别成就,同时讨论公司在优先业务里所处的状态,这种做法使公司的共同目标得到加强,决策得到执行。到1999年年底,EDS的群体运行机制显现出效果,公司各级主管把关注点转移到吸引和留住有天赋的人身上,促使人尽其才。同时,公司里的每一个员工对公司自身的成长、客户满意度以及责任感的关注也日益增强。EDS的业绩由此直线上升。

随着组织成员越来越多，协同一致就成了更大的挑战。为了分摊责任，公司往往会创建一种组织构架。建立这种构架时，也就是组织内部的社交互动发生改变的时候。通常，一个部门到另一个部门的信息流动会遇到障碍或者被歪曲。公司规模越大，人们分享信息、做出一致的决策和调整其优先业务的难度就越大。决策的速度变慢，执行力的优势就被削弱。因此，企业运行机制的最大意义是保证公司各项信息流动的便捷性、有效性和准确性，保证人尽其才。

知人善任才能成就大业

李嘉诚认为人才对于公司非常重要，甚至比金钱还重要。他广纳贤才，而不在意出身和背景。只要有能力，他均奉为上宾。一个人要成就一番事业，就必须有得力的人才辅佐。他对记者说："你们不要老提我，我算什么超人，是大家同心协力的结果。"他身边有300员虎将，其中100个是外国人，200个是年富力强的香港人。20世纪80年代中期，李嘉诚的长实（长江实业）集团的管理层基本上实现了新老交替，各部门负责人，大都是三四十岁的少壮派，其中最引人注目的要数霍建宁。

霍建宁毕业于名校香港大学，随后赴美深造，1979年学成回港，被李嘉诚招至旗下。他擅长理财，负责长实的财务策划。他处世较为低调，认为自己不是冲锋陷阵的干将，而是专业管理人士。

李嘉诚很赏识他的才学，长实的重大投资安排、股票发行、银行贷款、债券兑换等，都由霍建宁亲自策划或参与决策，传媒称他是一个"浑身充满赚钱细胞的人"。

这些项目动辄涉及数十亿资金，亏与盈都取决于最终决策。从李嘉诚对他如此器重和信任来看，可知盈多亏少。霍建宁本人的收入也很可观，他的年薪和董事基金，再加上非经常性收入如优惠股等，年收入可能在1000万港元以上。1985年，李嘉诚委任他为长实集团的董事，两年后又提升他为董事副总经理。此时，霍建宁才35岁，如此年轻就担任香港最大集团的要职，实属罕见。

同样出色的还有一位女将洪小莲。洪小莲年龄也不算大，她全面负责楼宇销售时，还不到40岁。在长实集团上市之初，洪小莲就作为李嘉诚的秘书随其左右，后来又出任长实集团的董事。她不仅人长得漂亮，而且待人热情，做事泼辣果敢。

在地产界，在中环各公司，只要提起洪小莲，可谓无人不知无人不晓，她被业界称为"洪姑娘"。长实总部虽不到200人，却是个超级商业帝国。每年为它工作与服务的人，数以万计。资产市值在高峰期达2000多亿港元，业务往来跨越大半个地球。日常的大小事务，千头万绪，往往都要到洪小莲这里汇总。

她的工作作风颇似李嘉诚，不但勤奋，还是个彻底的务实派。就连面试一名信差、会议所需的饮料、境外客户下榻的酒店房间等琐事，她都亲自过问。要处理日益庞杂的事务，没有旺盛的体力、精力、智力，没有很高的工作效率，是不可想象的。李嘉诚不拘一格重用年轻人，广采博纳，融合众智。他还说："长江取名基于长江不择细流的道理，因为你要有这样旷达的胸襟，然后你才可以容纳细流。没有小的支流，又怎能成为长江？只有具有这样博大的胸襟，自己才不会那么骄傲，不会认为自己样样出众，承认其他人的长处，得到其他人的帮助，这便是古人说的'有容乃大'的道理。假如今日没有那么多人替我办事，我就算有三头六臂，也没办法应付那么多的事情，所以成就事业最关键的是要有人帮助你，乐意跟你工作，这就是我的哲学。"

满足下属的工作成就感

德鲁克说："要让人才从工作中获得比薪水更多的满足，他们尤其看重挑战。"德鲁克认为，现实生活中往往有一些人，他们只想享受工作的好处，拒绝承担工作的责任或不愿为工作付出，那么结果只能和自己的目标南辕北辙，永远也无法得到自己想要的成功和幸福。同时，也有这样的一群人：他们乐于追求工作的挑战，他们对工作成就感的追求重于对薪水及名誉的关注。有这样一个中国女孩子，她年轻、漂亮、聪明，在与哈佛、耶鲁齐名的美国常春藤联盟之一的达特茅斯大学经济系度过了四年的留学生活后，经过紧张的面试，如愿加入了美国两大投资银行之一的摩根斯坦利银行，得到了一份最时髦、薪水最高的工作。

她工作做得很好，得到上司、同事和客户的一致赞扬，经常是手上有四五个项目同时进行。作为优秀员工，她甚至可以自己挑选项目。作为分析师职别里的唯一一个中国人，她被所有同事接受和喜欢，并且她所在的部门竟把她作为榜样又陆续雇用了很多中国人。

她拥有的是一份旁人眼中的理想工作,她过的是一种别人看来幸福的生活。然而这只是硬币的一面——光鲜的一面,出色表现的背后,是不为人知的辛劳。在纽约的两年,是这个女孩子一生中的黄金年龄,而她的生活中除了工作便再也没有其他内容了。回想起在纽约工作的两年,她用"疯狂"这个词来形容。为了做好工作,她特意把住所安排在离公司很近的地方,走路两三分钟就能到。

刚开始的半年多时间,她经常是通宵工作之后回家洗个澡换身衣服,然后继续回去上班,每天平均只睡两三个小时。白天累极了就趴在桌子上小睡十分钟,然后又盯着计算机继续工作,参加小组会议,与客户见面。长时间的用眼过度使她的一只眼睛严重发炎,肿得像个红灯笼,她就包起那只眼睛,让另一只眼独自承担观察财经风云瞬息万变的任务……

在别人眼里,也许会认为她的付出是值得的,出色的工作为她带来了丰厚的回报:在全世界一流的公司获得难得的实践经验,也可以和全球最有权势、最优秀的商业巨头打交道,更可以随意买下昂贵的名牌服装,还可随意出入世界各地的高级场所。对于付出与回报的理解,她看重的并不是金钱和荣誉,而是这段工作经历带来的成就感。她曾与几个美国同事做了一整年的英国石油和美国阿莫科石油公司的合并项目,这个项目让她感到极其自豪。因为那是全世界最大的五个合并项目之一。

这个女孩就是凤凰卫视著名财经节目主持人曾子墨,上述种种就是她进入凤凰卫视之前在纽约的工作经历。现在,转换轨道的她表现依旧卓越。在新的工作中,她依然获得了耀眼的业绩,她依然要面对新的工作带来的压力和辛劳。支撑起旁人眼中理想工作、幸福人生的是对卓越的不懈追求。从挑战性的工作中不断收获成就感,这就是曾子墨的工作秘诀。从曾子墨的工作追求中就可看出工作成就感是优秀人才高效工作的动力之源。管理者应该从中得到重要的管理启示:要想使下属高效工作,就要满足下属对工作成就感的追求。这是实现卓越管理必须遵守的一条重要法则。一般而言,越是优秀的人越喜欢接受挑战性工作。因此,管理者要善于委派挑战性工作于最为优秀的人才,这样做不仅使人才易于获得成就感,也能使管理工作实现真正的高效。

管人篇

管出效能

第一章

管人——智者善权,宽严得宜

在要害处只收不放

古人云:"一张一弛,文武之道。"用到驭人方面,只有懂得收放分寸的人,才能将主动权稳固地把握在自己手中。刘秀当上东汉开国皇帝后,有一段时间很是忧郁。群臣见皇帝不开心,一时议论纷纷,不明所以。一日,刘秀的宠妃见他有忧,怯生生地进言说:"陛下愁眉不展,妾深为焦虑,妾能为陛下分忧吗?"

刘秀苦笑一声,怅怅道:"朕忧心国事,你何能分忧?俗话说,治天下当用治天下匠,朕是忧心朝中功臣武将虽多,但治天下的文士太少了,这种状况不改变,怎么行呢?"

宠妃于是建议说:"天下不乏文人大儒,陛下只要下诏查问、寻访,终有所获的。"

刘秀深以为然，于是派人多方访求，重礼征聘。不久，卓茂、伏湛等名儒就相继入朝，刘秀这才高兴起来。

刘秀任命卓茂做太傅，封他为褒德侯，食二千户的租税，并赏赐他几匹车马、一套衣服、丝绵五百斤。后来，又让卓茂的长子卓戎做了太中大夫，次子卓崇做了中郎，给事黄门。

伏湛是著名的儒生和西汉的旧臣，刘秀任命他为尚书，让他掌管制定朝廷的制度。

卓茂和伏湛深感刘秀的大恩，曾对刘秀推辞说："我们不过是一介书生，为汉室的建立未立寸功，陛下这般重用我们，只怕功臣勋将不服，于陛下不利。为了朝廷的大计，陛下还是降低我们的官位为好，我们无论身任何职，都会为陛下誓死效命。"

刘秀让他们放心做事，心里却思虑如何说服功臣朝臣，他决心既定，便有意对朝中的功臣说："你们为国家的建立立下大功，朕无论何时都会记挂在心。不过，治理国家和打天下不同，朕任用一些儒士参与治国，这也是形势使然，望你们不要误会。"

尽管如此，一些功臣还是对刘秀任用儒士不满，他们有的上书给刘秀，开宗明义便表达了自己的反对之意，奏章中说："臣等舍生忘死追随陛下征战，虽不为求名求利，却也不忍见陛下被腐儒愚弄。儒士贪生怕死，只会搅动唇舌，陛下若是听信了他们的花言巧语，又有何助呢？儒士向来缺少忠心，万一他们弄权生事，就是大患。臣等一片忠心，虽读书不多，但忠心可靠，陛下不可轻易放弃啊。"

刘秀见功臣言辞激烈，于是更加重视起来，他把功臣召集到一处，耐心对他们说："事关国家大事，朕自有明断，非他人可以改变。在此,朕是不会人言亦言的。你们劳苦功高,但也要明白'功成身退'的道理,如一味地恃功自傲,不知满足,不仅于国不利,对你们也全无好处。何况人生在世,若能富贵无忧,就是大乐了,为什么总要贪恋权势呢?望你们三思。"

刘秀当皇帝的第二年,就开始逐渐对功臣封侯。封侯地位尊崇,但刘秀很少授予他们实权。有实权的,刘秀也渐步削弱他们的权力,进而夺去他们的权力。

大将军邓禹被封为梁侯,还担任了掌握朝政的大司徒一职。刘秀有一次对邓禹说:"自古功臣多无善终,朕不想这样。你智勇双全,当最知朕的苦心啊。"

邓禹深受触动,却一时未做任何表示。他私下对家人说:"皇上对功臣是不放心啊,难得皇上能敞开心扉,皇上还是真心爱护我们的。"

邓禹的家人让邓禹交出权力,邓禹却摇头说:"皇上对我直言,当还有深意,皇上或是让我说服别人,免得让皇上为难。"

邓禹于是对不满的功臣一一劝解,让他们理解刘秀的苦衷。当功臣们情绪平复下来之后,邓禹再次觐见刘秀说:"臣为众将之首,官位最显,臣自请陛下免去臣的大司徒之职,这样,他人就不会坐等观望了。"

刘秀嘉勉了邓禹,立刻让伏湛代替邓禹做了大司徒。其他功臣于是再无怨言,纷纷辞去官位。他们告退后,刘秀让他们养尊处优,极尽优待,避免了功臣干预朝政的事发生。收放是有条件的,在某些方面,该放的就要放;而在另一些方面,该收的也一定要收。收放结合,才能把人牢牢制住。

功臣在历史上所起的作用是巨大的，可功臣若走向反面，他们的影响力和破坏力也是惊人的。对待他们，社会地位不能降低，以示荣宠，但不给其实权，就可防患于未然了。

在要害处只收不放，这是收放之道的首要前提。

不要做撒手掌柜

艾森豪威尔提出的"权力下授"，就是授权，即领导者授予直接被领导者一定的权力，以便使被领导者能够相对独立、相对自主地开展有关方面的工作。

但企业管理者的授权，将权力下放给员工，并不意味着自己可以完全做个"撒手掌柜"，对下放的事不管不问。授权要像放风筝一般，既给予员工足够的空间，让他拥有一定范围的自主权；同时又能用"线"牵住他，不至于偏离太多，最终的控制权仍在领导的把握中。某一书店店长为了激发员工的工作激情，决定在书店内部推行"授权管理"，将管理权限下移。他规定："各部门都可以在各自的职责范围内处理部门业务，只要是有利于书店业务发展的，不需要请示便可以自行决定。"命令一下达，很多部门不是专心致力于书店业务的发展，而是相继制定起保护各自利益的"游戏规则"来。

比方说书店的采购部为了不受监督不再执行以前的"采购请示"制度，根本不征询销售部意见就直接决定采购的类别和数量，最后造成大量图书滞销，销售部门意见很大；而销售部门在制订图书促销计划的时候，也不再会同别的部门一起协商，为促进业绩，他们频繁促销，甚至独断专行地降低图书折扣。店长原本以为"授权令"下达会有好的效果，也不必再事事躬亲，结果书店的利润急速下滑。授权是一门高深的艺术，如果运用得好，不仅可以使管理更有成效，而且可以调动员工在工作中的主动性、积极性和创造性，激发员工的工作热情，提升企业的竞争力和促进企业的运行效率。善于授权的管理者能够创造一种"愉悦气氛"，使员工在此"气氛"中自愿从事富有挑战性的工作，使企业呈现一个和谐共事、创新共进的局面。东京某涉外饭店的豪华餐厅里，有一位美国客人对送上来的牛排不太满意，他认为这个牛排太熟。于是，他叫来服务生。服务生用极其谦恭的态度认真倾听他的抱怨之后，对他说："请您稍微等一下，符合您口味的牛排马上就能送上来。"说完，服务生立即拿走牛排，继而吩咐厨房按照客人的口味另烤一块送来。事情看似微不足道，但在事件的背后却蕴含着饭店老板的授权艺术。饭店的老板认为，服务生是直接面向客人的，应该给服务生更大的权限来服务于客人。于是，我们就看到这个场景：服务生无须请示任何人，就能够自主地为客人解决问题。这样，整个饭店的运行效率就会因此而大大提高。

　　责任、权利、能力是实现授权管理目标的三个基本要素，优秀的管理者需要懂得如何有效的授权，当企业管理者把权力授予员工时，应该让员工知道，他拥有的不仅仅是权力，还有与权力相匹配的责任，避免滥用职权的发生。真正有效的授权是指"放手但不放弃，支持但不放纵，指导但不干预"。监督监控其实是对授权的平衡与把握，掌握好权责统一，才能实现授权效果的最大化。在授权过程中应注意以下几个问题：

（1）明确目标责任是授权的前提，没有目标责任的授权，是无原则的授权，这样的授权无济于管理效益的提高和目标的实现。权力永远是与责任和利益相关联的，要让员工在明确权力的同时，明确责任和利益。只有员工的责权利一体化，员工才会珍惜权力，正确有效地使用权力，才能最大限度地实现他们的岗位职责，实现授权的真正目的。

（2）授权不是下放领导者的所有权力。授权的度应掌握，在能及时掌握全面信息、控制局面的前提下，通过授权发挥各级的积极性。重大方针政策的监督检查权、决策权、例外事项的决策权不应下放，否则，授权就成了放弃领导。

（3）授权的同时必须要明确指挥关系，建立信息反馈制度，规定下级应汇报的内容、汇报的时间及汇报形式等。通过沟通，下属能够明确责任和工作思路，授权的价值才能得以体现。通过高效的沟通机制，如例会制度、市场走访等，能实现全员之间最大限度的认同感，各级管理者的指令能得到最有效的执行。

（4）下级在行使权力过程中出现失误时，不应一味责备下级。授权是把职权委让给下级，它意味着容许员工犯一些错误，但是应该把全部责任留给自己。领导者要善于耐心指导，坚持激励的原则，热心地帮助下级。

卓越管理源自充分授权

对于任何管理人员来说，在给自己手下的员工分配了工作任务之后，还不等人家完成就又亲自动手是一个致命的错误。把工作交给部下的最大好处在于：节约了管理者的时间。井深大是索尼企业的一名功臣，他将个人知识和集体的智慧结合起来，发挥团队优势为企业创造了巨大的财富。在井深大刚进索尼公司时，索尼还是一个小企业，总共才有20多名员工。

老板盛田昭夫信心百倍地对他说："你是一名难得的电子技术专家，你是我们的领袖，好钢用在刀刃上，我把你安排在最重要的岗位上——由你来全权负责新产品的研发，对于你的任何工作我都不会干涉。我只希望你能发挥带头作用，充分地调动全体人员的积极性。你成功了，企业就成功了！"

这让井深大感受到了巨大压力。尽管井深大对自己的能力充满信心，但是还是有些犹豫地说："我还很不成熟，所以虽然我很愿意担此重任，但实在怕有负重托呀！"盛田昭夫对他很有信心，坚定地说："新的领域对每个人都是陌生的，关键在于你要和大家联起手来，这才是你的强势所在！众人的智慧合起来，还有什么困难不能战胜呢？"

盛田昭夫的一席话，一下子点醒了井深大。他兴奋地说："对呀，我怎么光想自己？不是还有20多名富有经验的员工嘛！为什么不虚心向他们求教，和他们一起奋斗呢？"于是，井深大信心满满地投入到了工作当中。就像是盛田昭夫放权给他一样，他把各个事务的处置权下放给各个部门，比如他让市场部全权负责产品调研工作。市场部的同事告诉井深大："磁带录音机之所以不好销，一是太笨重，每台大约45公斤；二是价钱太贵，每台售价16万日元，一般人很难接受。"他们给井深大的建议是：公司应该研发出质量较轻、价格低廉的录音机。

与此同时，井深大让信息部全权负责竞争对手的产品信息调研。信息部的人告诉他："目前美国已采用晶体管生产技术，不但大大降低了成本，而且非常轻便。我们建议您在这方面下功夫。"在研制产品的过程当中，井深大和生产第一线的工人团结协作，终于合力攻克了一道道难关，于1954年试制成功了日本最早的晶体管收音机，并成功地推向市场。索尼公司凭借这一创新产品，傲视群雄，进入了一个引爆企业发展速度的新纪元。井深大取得了伟大的成就，成了索尼公司历史上无可替代的优秀人物。在这个事例中，我们应该注意到最为重要的两个环节：盛田昭夫放权给井深大，井深大放权给其他部门。在充分授权的前提下，索尼公司发挥出了团队的整体作用，调动了每一位员工的积极性，把团队的力量发挥到了极致，从而取得了巨大的成功。

对于企业管理者而言，把工作交给下属，是一件非常重要的事情。只有把工作任务交给下属去完成，才能提高下属的知识和工作技能，从而给自己留出更多的时间做管理工作，使自己成为一名卓越的管理者。

显示用人不疑的气度

一个善于用人的领导者，不仅不会轻易怀疑别人，而且能以巧妙的处理方式，显示自己用人不疑的气度，消除可能产生的离心力，使得"疑人"不自疑。古代很多君王都是精通此道的高手，唐太宗李世民就是其中之一。

在用人上，除了"水能载舟，亦能覆舟"这句流传千古的名言之外，唐太宗还有一句至理名言，那就是"为人君者，驱驾英才，推心待士"。意思是说，身为一个国家君王，如果想要做到自如地"驱驾英才"，就必须做到对人才推心置腹，不怀疑他们，或不对他们怀有戒备之心。唐太宗鉴于前朝隋文帝用人"多疑"的弊病，深感"君臣相疑，不能备尽肝膈，实为国之大害也"的教训，遂采取了对人才"洞然不疑"的做法。高祖武德三年，唐太宗劝降刘武周的将领尉迟敬德不久，尉迟敬德手下的两个将领就叛逃了。有官吏据此认为，尉迟敬德必定也会造反，于是没有向唐太宗请示，就将尉迟敬德囚禁于大牢中，并力劝唐太宗赶快将他杀掉。但是，唐太宗非但没有杀掉尉迟敬德，反而把他放了，并且招其进入自己的卧室，温语相慰，使之放宽心，临分别的时候还送给了他一批金银珠宝。尉迟敬德被唐太宗的这种坦诚之心深深感动，发誓"以身图报"。后来，他果然为唐太宗立下了汗马功劳，甚至在唐太宗与王世充斗争的险境中救了唐太宗一命。

唐朝初期，政治清明，不存在朋党之争，但也偶尔会有一些小人利用唐太宗推行"广开言路"政策的机会，故意诽谤君子，谗害贤臣。为了不使这些小人得逞，唐太宗决定采取法律措施，对诽谤、诬陷者均"以谗人之罪罪之"。贞观三年，监察御史陈师合觊觎房、杜的宰相之位，遂上奏书"毁谤"房玄龄、杜如晦"思虑有限"。但唐太宗十分了解房、杜两人的忠诚和才能，识破了陈师合的弹劾是"妄事毁谤"。于是对陈师合给予法律制裁，"流放到岭外"，从而使真正的贤士良才安心任事，充分发挥他们治国的才华。

由于唐太宗用人不疑，推诚以任，有不少突厥降将愿意为其所用，契苾何力就是一个典型的例子。

契苾何力原是突厥一个可汗的孙子，贞观六年，他同母亲一同归属唐朝，唐太宗把他安置在甘、凉二州一带。后来，契苾何力同大将李大亮等攻打吐谷浑，建立了赫赫功勋。薛万均歪曲事实真相告契苾何力意欲谋反，契苾何力回朝后马上向唐太宗说明了真实情况，唐太宗对他更加信任，还把公主许配给了他。

有一年，契苾何力到凉州探亲时，他的部下一致劝他归降薛延陀，遭到了他的坚决反对。在部下的胁迫下，他割耳自誓，坚贞不屈，外界误传他已经叛唐，但唐太宗自始至终都对他非常信任。从此以后，契苾何力对唐王朝越发忠诚，唐太宗弥留之际，他还请求杀身殉葬，唐太宗坚决不许，他才作罢。古人云："疑则勿任，任则勿疑。"用人不疑，是领导者使用人才必须注意的原则。唐太宗曾说："但有君疑于臣，则下不能上达，欲求尽忠极虑，何可得哉？"把这句话推而广之，用人者怀疑被用者，对他办事不放心、不放手，就不能充分发挥被用者的作用。历史上无数事实也证明，在"知人"的基础上做到疑人不用、用人不疑，方能成就大事。

集生杀大权于一身的唐太宗，深知如果为君者昏庸，容易被那些花言巧语、阿谀奉承之徒迷惑，就会使忠臣含冤受害，使国家失去人才，国家也就无法长治久安。所以，他一贯采取推心待士、用人不疑的方针，为国家收揽了大批贤能之才。这种用人之道应该被现代领导者重视。

让大家共同参与讨论

说到领导的形象，人们都会说上一句"平易近人"。所谓"平易近人"，一般是指领导善于和下属进行交谈和沟通，没有官架子。但要使交谈更好地进行，仅仅没有官架子还不行，还要讲究沟通的艺术。

首先，同地位比你低的人交谈，要注意防止高傲自大，显示自己的优越感。作为领导，常会使部下在与你交谈时心里害怕，因此你要让听你讲话的人确实是在听，而不只是在那里点头。应该做到了解对方；创造有利于交谈的气氛；你讲的东西要力求让对方容易理解；要唤起对方谈话的兴趣；要使对方感到你是尊重他的，而且应该相互尊重。

唯有经常与部下平等、友善地交谈，你与部下的情感才能得以沟通，你交付的任务也就能够积极、迅速地得以执行。对于要求部下做某件事的做法，如果你能说服部下主动去做，效果会更好。聪明的领导者总是这样去做的：利用部下的特长，告诉他怎样能对他自己有好处；把"丑话"讲在前头；说话要采用"可以，不错，但是"，而不是当面否定对方的观点。

不管形式如何，态度上，你都应热情、亲切；内容上，应适合对方的情趣和口味。在回答对方的提问或对对方的讲话做出反应时，应郑重其事，不要流露出怠慢甚至是轻蔑的神情，这也是衡量一个人心灵美的重要尺度。

在接触或交谈中，当你发现对方神态尴尬、讲话嗫嚅时，你应为其释难，用和蔼平易的态度，使他大胆表达，无话不说。这样，彼此就会建立起一种友好的情谊。

其次，下属中常有一些老实人，他们在交谈时往往难以合作，有些狡猾的人往往欺侮老实人，能言善辩者也常常冷落木讷寡言者，这种社会风气和倾向要不得。领导在同老实忠厚的人交谈时，也应以忠实热情的态度对待，不要搞"一言堂"，不要以为自己能说会道，一个劲儿地只顾自己讲，应该让对方有发表意见的机会。

在言谈中，说话频率不宜太快，不要咄咄逼人，不然对方会因应接不暇而不敢对话。当对方讲话时，你应诚心诚意地倾听。当他讲错了话或言不达意时，不要去指责或奚落他，不然，会使他心慌意乱。当你同他讲话时，应该言辞通俗、态度诚恳、以诚相待，不要去骗他、哄他。

最后，充分确保员工的知情权。如果发生了每个人都需了解的事情，要把你的员工召集起来，告之这些消息或利害关系。有些事情不应推迟到下次例会。

在许多组织中，自发性本身具有积极意义，按照已定的日程安排所进行的正常商业活动更需要自发性。

在自发性会议上可以发布好消息、需马上解决的问题，或者易被谣传误导的消息。让有关各方参加这种短时的会议还传达出这样一种信息，即你希望他们了解公司最近所发生的事情。

人们都有参与意识。如果你让他们了解得越多，给予他们更多参与的机会，使他们对前途有更好的把握，他们去其他公司发展的念头就越少。若员工感到在现有职位能真正发挥作用，即使其他企业主动提供某种职位，他也很少愿意去应聘。

此外，要注意，不是所有的会议都必须在同一地点举行，你可以在会议室、总裁办公室、午餐室或雇员工作的地方发布各种信息。要根据你想要传达的信息来选择最好的会议地点，不要把会议地点局限在公司。有些公司在公司以外的地点也成功有效地举行了会议。

在当地汽车旅馆的会议室或某家饭店的会议室，或办公楼前面的树荫下召开全体雇员大会是十分有效的。如果可能的话，要提供一些食物和饮料，它给人以舒适感，使人们在等待会议开始的同时有事可做，而且也表现了资方的体恤、慷慨和守信。

掌握了上述方法，让大家共同参与讨论，那么彼此之间的沟通将会取得更好的效果。

得人心者得天下

在所有的用人谋略中，得人心，是最重要、最关键的一条。任何用人行为，要想顺顺利利进行下去，都必须同时具备两个条件：第一，领导者愿意使用下属；第二，下属愿意接受上级的使用。从某种意义上说，后者比前者显得更重要，难度也更大。因为居于被管辖地位的下属，心态一般都较为复杂。

所谓得人心为上的谋略，其含义是：领导者不仅需要准确了解下属的内心世界，而且还要在此基础上，进一步征服下属的心，使下属从心里信你、敬你、服你、爱你，心甘情愿为你效劳。而要做到这一点，就绝非易事了。

古代曹操利用徐庶孝敬母亲的弱点，设计将其弄到自己身边。然而,他并没有真正赢得徐庶的心，得到的只是一言不发的"废才"。

刘备三顾茅庐，每次都遭到诸葛亮的怠慢，因为诸葛亮想以此考察刘备有无招贤纳士的诚意和虚怀若谷的美德。当刘备心志专一、谦恭下士的品德深深打动了诸葛亮的心之后，这位隐居山野的"卧龙先生"，便欣然接受了刘备的邀请，出山助他振兴汉室。

上述两则古代用人故事，从反正两个方面说明了的人心谋略在用人行为中所起的重要作用。在一般情况下，一个心态正常的下属，希望遇到一个怎样的上级呢？换句话说，他对领导者抱有哪些期望和要求呢？

根据心理调查资料分析，下属对领导者的期望和要求，按照由低到高的排列顺序，主要有以下4个层次：

第一层，追求安全。企望领导者光明磊落、公道正派，不整人，不害人，不落井下石，不嫉贤妒能，不栽赃陷害，当自己偶有差错时，不把自己当替罪羊抛出去。应该说，这是每个下属对领导者都会提出的起码的期望和要求，因而属于最低层次的心理追求。

第二层，追求温暖。期望领导者能关心自己的疾苦，及时帮助自己解决生活上和工作上遇到的各种困难，为自己提供起码的工作条件和生活条件。有时候，由于受到本地区、本单位财力和物力的限制，一时难以解决自己遇到的有关困难，但只要领导者能够表示一下关心，自己也就感到公司的温暖了。显然，这属于下属的较低层次的心理追求。

第三层，追求信赖。期望领导者能够充分信任自己、十分放心地让自己参与各种重要的组织管理活动，把一些比较重要的工作交给自己，经常听取自己提出的合理化建议，并能够对自己说一些"知心话"。显然，下属对领导者提出的这些期望和要求，并非人人都能得到满足，它已经属于较高层次的心理追求了。

第四层，追求事业。期望领导者和自己情趣相投，思想一致，能够为自己获取事业上的成功提供一切方便条件，甚至希望领导者在必要的时候，为自己的尽快成才承担一定的决策风险。不难看出，这是少数雄心勃勃的下属对领导者提出的最高层次的心理追求。

一个老练的领导者，不仅应对下属在4个层次上的共同心理追求了如指掌，而且还对各个下属在不同层次上的特殊心理追求知之甚细。针对这些不同类型的下属对领导者抱有的各种心理追求，领导者需要因人而异，分别采取不同的攻心谋略。例如：

在适当的时机、适当的场合，采用适当的方式方法，对偶犯过失的下属公开表示袒护和谅解，以此来满足多数下属追求"安全"的心理企望，增强大家的安全感；

在力所能及的范围内，尽可能帮助下属解决生活上和工作上遇到的各种困难，并使这一工作制度化、规范化，在必要的时候亲自出面，对重点下属表示一下关心，以此来满足多数下属追求温暖的心理要求，使大家感到组织上的温暖；

有意识让一些素质较好的下属参与一些重要的管理工作，经常征求他们的意见和看法，并在不出大格的前提下，对他们说一些知心话，以此来满足部分下属追求信任的心理要求，有效激发他们的积极性和创造性；

为少数德才皆优、确有成才希望的下属开辟道路，甚至将自己的官位让给他们，以此来满足他们追求事业的心理要求，使他们尽快成才。

第二章

管人有术，不同人用不同方法

搞定难缠的下属

管理者不得不正视一个现实，在下属之中，忠心而且努力工作的虽然是大多数，但是，总有那么一些人，成了最难管教的一群。用"调皮捣蛋""令人头痛"这样一些词语来形容他们都不为过。他们花费了上司很大一部分精力，拖住了很大一部分人的工作效率，"搞定他们"是管理者必做的功课。

调皮捣蛋的下属虽然是个别现象，但是如果处理不好，他们就会像传染病一样四散蔓延，问题会变得越来越严重，坏风气有可能腐蚀整个团队。因此，捣蛋的下属即使是个别现象，也有必要予以重视，切记不能放任自由。

王海是某物流公司的经理，下属有大学毕业科班出身的员工，有中学还没有毕业的拉货司机，各色人物无论知识、阅历、性情都参差不齐。王海将这一班人物管理得服服帖帖，他总结自己的经验时，谈到了管理学上的"骆驼理论"。

人具有"骆驼的某种特性"。在骆驼的骆峰上压上重物，骆驼走起路来才平稳，才有节律，它们会顺着头驼一路安静地前进。遇到沙暴时，背负重物的骆驼也不会轻易随风而逃。而那些背上没有重物的骆驼，就成了最难以管教的家伙。它们四处张望，搜寻小草，追逐异性，把工作当成了休闲时光。

对个别人，使用高压手段，对他们毫不手软，决不姑息迁就。上司借助打击"个别人"达到"杀鸡给猴看"的目的，以警示一批他们身后的潜在效仿者。在打击之后，要采用"怀柔政策"。对那些被打得抬不起头来的人，也要安抚一下，这样做有利于收拢人心，也有利于对这批人分化瓦解。对个别有好转的人要及时进行表扬，树立"放下屠刀立地成佛"的榜样，以号召他的"同党"归降。

对于难缠的下属，管理者又不能完全运用压服的办法。一般来说，对不同的员工存在的问题，上司要采取不同的做法。对那些故意窝工、怠工、工作效率低的员工，管理者可将工作定额、工作量与奖金挂钩；对偷工减料、贪小便宜、挖墙脚、揩油者，用监督与奖惩相结合的办法。

如果管理者高效率地搞定几位难缠的员工，将有效地提高自己的管理水平，提高团队战斗力，完成任务达到目标。

正确对待攻击型下属

在团队里有这样一种人,他们总是喜欢不遗余力地攻击指责别人,或散布流言蜚语,或造谣中伤,或出言不逊地辱骂等。如果他们出于不怀好意的目的对领导者或其他成员进行攻击,领导者除了要勇于面对恶意的进攻之外,还应注意与这种人的相处方法与技巧。

(1)给对方发泄的机会。当对方情绪激动,一时无法控制场面时,管理者可以先给对方一点时间,让对方把火发出来。

(2)适时打断。当对方说到一定程度时,管理者可以打断对方的话,随便用哪种方式都行,不必客气。

(3)站着比坐着更易失控。一般说来,站着不易控制情绪变化,如果可能,设法让其坐下来,使他不那么好斗。

(4)表明自己的观点。管理者应适时地以明确的语言阐述自己的看法,让对方明白其实是误解或者原本就是一场误会。

(5)避免正面冲突。管理者最好不要与对方发生针锋相对的正面争执,最好避免与对方抬杠或贬低对方。

(6)不在公开场合解决问题。越是在公开场合越不易解决问题,如果需要并且可能,休息一下,平息彼此的情绪,再和他私下解决问题。

(7)必要的友好。在强硬后做一点友好的表示,是很有必要的,可以缓和紧张的氛围。

管理者要想正确对待攻击型的下属,就要具体情况具体对待,其中最关键的一条,就是弄明白你所遇到的是不是真正的攻击。然后再考虑和选择自己的行为方式,要不要针锋相对地予以回击。

根据日常的表现,下面几种情况很容易被误认为是攻击,管理者必须充分认识清楚这些情况:

第一种情况:由于对某种事物持不同的看法,对方提出了比较强硬的质疑或反对意见。此时,如果你能够给予必要的解释和说明,矛盾很可能会很好的解决。

第二种情况:由于自己对某事处理不当,对方在利益受损的情况下表示不满,提出抗议。如果的确是自己处理不当,或虽则并非失误,但确有不完善之处,而对方又言之有理,那么,尽管对方在态度和方式上有出格的地方,也不能看成是攻击。

第三种情况:由于某种误解,致使他人发脾气,或出言不逊。在这种情况下,只要耐心地、心平气和地把问题澄清,事情自然也会过去。如果领导忽视了判别与区分真假攻击的不同,往往会铸成大错。

以上3种情况都不是针对性的恶意攻击,即便管理者完全能够确定他人在对你进行恶意攻击,也不必统统地给予回击。在与下属的交往中,对付恶意攻击最好的方式莫过于不理睬他。如果你不理睬他,他仍不放松,那也不必对着干。因为这样恰恰是"正中下怀"。不难发现那些喜欢攻击他人的人,大多善于以缺德少才之功消耗大德大智之势。你和他对着干,他不仅喜欢奉陪,还会恋战,非把你拖垮不可。在这种时候,你应果断地甩袖而去。

中国古代哲学著作《老子》中有这样一句话:"天下莫柔弱于水,而攻坚强者莫之能胜。"

关键时刻拉下属一把

　　德鲁克说："之所以会拥有良好的人际关系，是因为他们强调自己对工作的贡献以及对别人的帮助。"马歇尔将军在20世纪30年代提拔了一大批优秀军官，其中包括巴顿和艾森豪威尔。"这个人可以干什么？"这是常挂在马歇尔嘴边的问题。德鲁克认为，知道某人能干些什么，那么他的不足就成为次要的了。黄威因为工作业绩突出，被总公司派到下属一家汽车公司任副总经理。当时这家公司派系之争很严重，几个较大的派系明争暗斗，公司业绩直线下滑。黄威刚刚到任，就被下属们"划归"了某一派系。而对立派时常在工作上给他设置障碍，以此削弱他的威信。对立派中的首要人物是生产部的陈经理。

　　陈经理工作十分卖力，吃苦耐劳，对公司忠心耿耿。但他最大的缺点是喜欢拉帮结派，对不喜欢的人处处施绊。有一次陈经理犯了一个大错误，与其敌对的其他部门经理都倾向将其开除。陈经理自己也认识到了问题的严重性，也做好了回家的准备。

　　在研究陈经理错误问题的会议上，这几位经理像是事先约好了似的，一致认为陈经理不可留，列举了他许多不可饶恕的罪状。由于陈经理所犯的错误给公司造成了巨大损失，一向和他有私交的另外两个经理也不好为他说话。陈经理本人也感觉有负公司期望，也不做过多的辩解。

　　只有黄威还没有表态。黄威是主管人事的副总经理，他的意见将起到决定性作用。大家的目光都集中在他身上，只听他说："我认为看一个人不能老盯住人家的缺点，更多的时候要看人家的优点。人总是会有过错的，在座的这么多人，谁能告诉我，你没有犯过错误？我们要公正地对待,只要功大于过,就是一个好人才。我承认陈经理身上有许多缺点,但是大家也应该看到,他身上蕴藏着许多优点。

"陈经理的工作可以说是很出色的,他干工作的那股劲头,恐怕是在座的各位都不具备的。他对待工作的那种认真负责的精神,在一个团队中,能起到很好的示范作用。仅此一点,我们就没有必要炒掉他,这样的职员是不好找的。他并不是主观上犯错误,而是无意犯下的。有人说,他的这种过错非同小可,给公司带来了不小的损失。是的,他这次是给公司造成了一定损失。但我相信,给他一次机会,他会在以后的工作中加倍努力,把这次的损失补回来。"

黄威的话音一落,整个会场鸦雀无声,陈经理做梦也没想到黄威会替他说好话,感动得热泪盈眶。由于黄威的坚持,陈经理被公司留了下来。黄威在关键时刻拉了陈经理一把,不仅为自己赢得了良好的声誉,还赢得了陈经理的忠心,在以后的工作中陈经理积极配合黄威的工作,成了黄威的一员得力干将。德鲁克认为,帮助下属是管理者的重要职责。管理者的帮助是下属前进的动力。但需要提醒管理者的是,对下属的关心要体现出纯粹与无私,是最真诚的关怀。如果对下属的帮助怀有私心、渴望回报,这会给下属带来沉重的心理压力,以致上下级关系貌合神离,反而不利于人际关系的维护和发展。

让知识型员工自我管理

知识型员工具有以下特点：

（1）自主性。知识型员工不再是组织这个大机器的一颗螺丝钉，而是富有活力的细胞体。与流水线上的操作工人被动地适应设备运转相反，知识型员工更倾向于拥有一个自主的工作环境，他们不仅不愿意受制于环境，甚至无法忍受上司的遥控指挥，而更强调工作中的自我引导。这种自主性也表现在工作场所、工作时间方面的灵活性以及宽松的组织气氛要求。

（2）劳动具有创造性。知识型员工从事的不是简单重复性的工作，而是在易变和不完全确定的环境中充分发挥个人的资历和灵感，应对各种可能发生的情况，推动技术的进步，不断使产品和设备得以更新。

（3）劳动过程很难监控。知识型员工的工作主要是思维活动，依靠大脑而非肌肉，劳动过程往往是无形的，而且可能发生在每时每刻和任何场所。加之工作并没有确定的流程和步骤，其他人很难知道应该怎样做，固定的劳动规则并不存在。因此，对劳动过程的监控既没意义，也不可能。

（4）劳动成果难以衡量。在知识型企业，员工一般并不独立工作，他们往往组成工作团队。因此，劳动成果多是团队全体智慧和努力的结晶，这给衡量个人的绩效带来了困难，因为分割难以进行。除此之外，成果本身有时也是很难度量的。比如，一个市场营销人员的业绩就难以量化，原因不仅在于营销效果的滞后性，也在于影响营销业绩因素的多样性。

（5）较强的成就动机。与一般员工相比，知识型员工更在意自身价值的实现,并强烈期望得到社会的认可。他们并不满足于被动地完成一般性事务,而是尽力追求完美的结果。因此,他们更热衷于具有挑战性的工作,把攻克难关看作是一种乐趣,一种体现自我价值的方式。

(6)蔑视权威。专业技术的发展和信息传输渠道的多样化改变了组织的权力结构,职位并不是决定权力有无的唯一因素。知识型工作者由于具有某种特殊技能,往往可以对其上司、同事和下属产生影响。自己在某一方面的特长和知识本身的不完善使得知识型员工并不崇尚任何权威,如果有的话,那就是他自己。

(7)流动意愿强。知识经济对传统的雇佣关系提出了新的挑战,"资本雇佣劳动"这个定律开始受到质疑。因为在知识经济时代,资本不再是稀缺经济要素,知识取代了它的位置。长期保持雇佣关系的可能性降低了。

德鲁克说:"知识将成为一种新的关键性资源,知识型员工将成为社会新的统治阶层。知识工作者不能被有效地管理,除非他们比组织内的任何其他人更知道他们的特殊性,否则他们根本没用。"德鲁克认为,在当今的企业中,拥有某方面专长的知识型员工越来越多,因此知识型员工的管理问题就越来越突出。知识型员工更加注重精神需求的满足。因此,管理者对知识型员工要有更多地理解和交流,没有什么比激励他们的斗志,满足他们的精神需要更重要了。

在知识经济时代,作为管理者,必须深入反思和转型,因为管理对象已发生了巨大变化,管理手段就必须跟进。对知识型工作者的管理,必须建立在人本主义的基础上,他们更需要管理者关注,更需要管理者以一种平等的、友善的态度去交流和沟通,对知识型工作者的管理,将会引起一场管理革命。如果你注意微软或者谷歌,你就会发现,他们的管理模式逐渐变得更加生活化,更加贴近人性,更加符合人的需要,而这一切,在不久的将来,会成为大多数公司普遍的管理模式。

用恰当的话消解下属的怨气

由于种种原因,你的下属可能满怀怨气,那么,身为领导,如何说话,才能让下属消解心中的怨气,而又不失自己作为上司的尊严与威信呢?

1. 主动自责

谁都有犯错的时候,不要以为自己是领导,就高高在上,当自己说错话、办错事时不妨主动承认自己的错误,只有这样才能让员工消解怨气,让自己树立威信。

当下属因为你过激的批评而心怀怨气时,能主动找到下属,做真诚地自责,实际上就是传达一种体贴和慰藉,责的是自己,慰的是下属。这有利于在对方本已紧凑的心理空间上辟出一块"缓冲地带",让命令得以执行,工作能够顺利地开展下去。

2. 晓以利害

某市无线电厂由于长期亏损,债台高筑,濒临破产。这天,该市电视机厂对无线电厂实行有偿兼并的大会在无线电厂举行。上千名职工感到耻辱,坚决反对兼并,愤怒的人群争吵着,吼叫着,吹口哨，鼓倒掌，场面十分混乱。

这时，电视机厂的吴厂长，扯大嗓门对陷入失控状态的人群喊道：

"我告诉你们一个事实：到下个月工商银行的抵押贷款就要到期，无线电厂马上就要破产，上千名职工就要失业！难道你们愿意这个具有几十年历史的我市唯一的收录机专业生产厂家破产吗？难道我们厂上千名职工情愿失业，重新到社会上待业吗？请问，谁能使无线电厂不破产？谁能使上千名职工不失业？是能人，请站出来说话；有高招，请拿出来！你们反对兼并，拿出主意来！"

愤怒的人群开始静了下来，他面对着上千双翘首以待的眼睛，接着说：

"我吴某人不是资本家，是国家干部。就我个人而言，叫我兼并无线电厂，我才不干呢！我又何必自讨苦吃？可我是共产党员，看到国家受损失，我于心不忍啊！"

这时有人站起来说："我要问你，你能保证我们不失业，无线电厂不破产吗？"

吴厂长说："有些同志对我不信任，这是可以理解的，因为不了解嘛。请大家放心，从并厂后第一个月起，如果再亏损，由我吴某人负责。我和大家同舟共济。如果要下海，我第一个带头跳！至于具体办法，我在这里就不说了！"

这时，全场爆发出雷鸣般的掌声。在当时骚乱的情况下，面对愤怒的人群，训斥制止都不行，婉言相劝想必也不行。这时，吴厂长直言并与不并的利害得失，终于打破了人们的认识障碍，镇住了混乱的场面，消解了大家的怨气。作为上司，应该明智地对员工做一番权衡利弊的分析，只有让他们觉得你的决定真正有利于他们切身利益的时候，他们才会真心地消除不满，转而支持你的工作。

3. 抓住实质

当下属心怀怨气的时候，单纯劝导难以起到真正的作用，只有把他们心中的"怨结"打开，才能让他们豁然开朗。而打开"怨结"的关键就是抓住令他们生气的问题的实质，带领他们走出思想的误区。

说服是最好的领导方式

领导方式指领导者与被领导者之间发生影响和作用的方式。不同领导方式的选择对于领导绩效有直接的影响。不合适的领导方式不仅不利于企业的发展，而且会使管理者败走麦城。Y工厂是巴杰特汽车公司的子公司——经济轿车分部的6个装配厂中最大和最老的一个。它的职员将近1万名，由威克斯特龙先生负责。在最近几年里，这个厂的绩效不如其他几个厂。公司总管理处开始施加压力，并且提出具体指示，让厂领导照办以扭转局面。

威克斯特龙先生是位有能力的厂长，负责管理一家大工厂对他来说并不棘手。一天，他在工厂里进行例行的巡视时，亲自命令一个工段的工长，改变仪表板的装配程序，他认为这样能加快操作。当生产经理阿伯格女士发现了这套新程序以后，她慌了，因为它扰乱了整个生产进度。

她在办公室里找到威克斯特龙先生，向他提出关于装配程序的新建议,想协调威克斯特龙先生的计划和她自己的计划。出乎阿伯格女士的意料,威克斯特龙先生的反应非常粗暴,并且强调她必须按照他的命令办。

当威克斯特龙先生看了车身装配线的生产周报表以后,忽然大发脾气,立刻把这条装配线的工长乔根先生叫到自己的办公室,威胁他说,如果生产量没有提高的话,就把他解雇。这种反应使乔根先生非常震惊。

他马上想到两个星期以前,他的同事乌尔夫先生真的被解雇了。他为了解释生产量上不来的原因,抱怨他得对付好多难以克服的困难:陈旧失修的设备,没有经验的新工人,乏味又缺乏革新的工作结构,然而没有人愿意听他的意见。

这种情况持续了一段时间后,Y工厂的员工开始人人自危起来,员工与领导的关系也日趋紧张,工作热情锐减,Y工厂的绩效也不佳。

由于能源危机,对小型轿车的需求大大超过了供应能力,由于不满Y工厂的工作绩效,总管理处决定由雷曼女士来代替威克斯特龙先生。雷曼女士提出,她可以接受这项职务,但是,在一段时间内,必须由她全权管理自己的事务。她可以按照她认为恰当的任何方式自由行事。

雷曼女士从一接任起就指出,她不同意总管理处认为应当裁员的想法,她要给厂里每个人以充分证明自己价值的机会。在她任期内,全厂上万名职员中被解雇的只有几个人,她向总管理处申请资金,使工厂现代化,而首先建造的是供生产工人使用的自助餐厅和洗手间。

午餐时她亲自去自助餐厅，跟工人、工长和下级管理人员打成一片。她倾听他们的抱怨，征求他们的意见和建议，鼓励班组定期开会来解决共同的问题，参与她的长远规划，并为防止日常危机进行协商。

雷曼女士的工长们经常非正式地开会，增强了横向联系。她为职能人员和生产第一线人员安排了不断解决问题的对话，通过对话，职能人员知道他们为生产第一线提供的服务是怎样的不中肯或只顾自己。

她消除了原来的恐惧和危机综合症，激发了职员们的信心和忠诚。雷曼女士并没有改变工厂的正式组织机构，她希望她的管理人员为自己的部门设置目标，并负责完成。她授给他们必需的权力，让他们独自去做好工作。

在雷曼女士代替威克斯特龙先生6个月之后，Y工厂已经重新振作起来，生产绩效已有显著提高。雷曼女士晋升为总管理处的最高经理，Y工厂没有她也干得很好。威克斯特龙先生则提前退休了。威克斯特龙先生和雷曼女士管理同一个企业，但一个人获得了成功，而另一个却以失败告终，原因就在于二人选择了不同的领导方式。

二人中前者选择了强制式领导方式，以行政指令来规划行政人员，这种方式以惩罚为外在特征。如果运用不当，必然会导致领导者与被领导者关系紧张，进而直接影响到与领导者的协作，影响工作热情，在这种情况下，工作绩效可想而知。

而后者采用说服式领导方式，这种方式尊重部属的人格，注重鼓励和奖赏，注重发挥部属的主动性和积极性，注重改善工作环境，注重给予部属合理的物质待遇，易于上下级沟通，有利于获得共识、共同的情感和协作的工作意愿，从而优化人才因素，赢得更高的绩效。

第三章

高效管理，创造管人最大效益

适时地为企业打强心针

20世纪80年代初，雷齐公司的高级领导者们发觉公司已有一些老化的现象，于是他们决定积极采取行动以改善这种状况。雷齐公司的高级职员，每年都到加州蒙利湾北边一个不对外公开的场所度3天假期，同时研讨企业的发展战略。1981年也不例外，时间一到，公司高级职员们就度假去了（这个公司的管理职员，25年来几乎没有变动过）。

第一天下午会议开始的时候，董事长保罗·库克开始宣读企业策略大纲，强调工作环境的变迁及各方面的牵制，这些枯燥的东西教人意志消沉。库克读着读着，突然停顿下来，大吼道："都是些狗屁不通的东西！"接下来他宣布现在是重新评估公司、摆脱一切束缚、重新开始的时候了。

十多位参加会议的员工都惊呆了,等到他们听到直升机在房子上低飞、降落在海滩上的声音时,他们更吃惊了。库克要求全体人员都得把刚进门时送的听力器、随身听带在身上。

黄昏的时候,直升机载着这帮人起飞,越过蒙利湾到达另一岸。在飞机上每个乘客都拿出耳机,插入飞机的音响系统。音乐和太平洋日落的景色相互烘托,而保罗·库克的声音就在悠扬的音乐声中响起。他说明下面几天的行程都会改变,所有的限制束缚都不存在。这代表一个新开始、新展望,并指出许多简明、易记并极富挑战性的成长和创新目标。

直升机降落了,3天惊人的疯狂日程也随即展开。以往的会议多半是由各经理向库克及总裁做报告,但这一次,库克和总裁亲自做了一打报告,亲自领导讨论,每一个问题都逃不过被提出讨论的命运。

度假中也有一些有趣的小插曲发生。例如有一天,全体人员走过停车场去吃饭时,看见停车场上站了两头大象。每头象身上都挂了一块三角旗,上面写着这次会议所提出的目标。而以后10年,公司都朝着这个目标迈进。企业到一定程度就会老化,这是一种自然现象,这时就要重新注入能量,重新充电,打强心针,通过一些强烈的刺激来恢复企业的活力。这种刺激不是常规的、循规蹈矩的手段能做到的,而一些非常规的、反传统的,甚至几近疯狂的行为或举动才可以起到这种效果。

人都有惰性,在企业待久了,从事同一职业时间过长,思想便容易僵化,没了刚开始的热情与锐气。打破日常生活的常态,尝试在工作中做一些改变，则可以重新激起人们原有的激情与活力，打造一片新天地。

帮助员工树立工作信心

休斯·查姆斯在担任"国家收银机公司"销售经理期间，曾面临一种最为尴尬的情况：很可能使他及手下的数千名销售员一起被炒鱿鱼。

原来该公司在财务上发生了一些问题。更糟糕的是，这件事被在外头负责推销的销售人员知道了，并因此失去了工作热情，销售量开始大幅度下跌。到后来，情况极为严重，销售部门不得不召集全体销售员开一次大会，在全美各地的销售员皆被召去参加这次会议。

查姆斯先生亲自参加并主持了这次会议。

首先，他请手下几位最佳的销售员站起来，要他们解释销售量为何会下跌。这些推销员在被唤到名字后，一一站起来，每个人都有一段最令人震惊的悲惨故事要向大家倾诉：商业不景气、资金缺少，人们都希望等到总统大选揭晓之后再买东西，等等。当第五个销售员开始列举使他无法达到平常销售配额的种种困难因素时，查姆斯先生突然跳到一张桌子上，高举双手，要求大家肃静，然后，他说道："停止，我命令大会暂停10分钟，让我把我的皮鞋擦亮。"

然后，他命令坐在附近的一名小工友把他的擦鞋工具箱拿来，并要这名小工友替他把鞋擦亮，而他就站在桌上不动。

在场的销售员都惊呆了,有些人以为查姆斯先生突然发疯了,人们开始窃窃私语,会场的秩序变得无法维持了。在这同时,那位小工友先擦亮他的第一只鞋子,然后又擦另一只鞋子。他不慌不忙地擦着,表现出了第一流的擦鞋技巧。

皮鞋擦完之后,查姆斯先生给了那位小工友1毛钱,然后开始发表他的演说:

"我希望你们每个人,"他说,"好好看看这个小工友。他拥有在我们的整个工厂及办公室内擦皮鞋的特权。他的前任是位白人小男孩,年龄比他大得多,尽管公司每周补贴他5元的薪水,而且工厂里有数千名员工,但他仍然无法从这个公司赚取足以维持自己生活的费用。

"这位小男孩不仅可以赚到相当不错的收入,不需要公司补贴薪水,而且每周还可存下一点钱来,而他和他前任的工作环境完全相同,也在同一家工厂内,工作的对象也完全相同。

"我现在问你们一个问题,前一个小男孩拉不到更多的生意,是谁的错?是他的错,还是他的顾客的错?"

那些推销员不约而同大声回答说:"当然了,是那个小男孩的错。"

"正是如此,"查姆斯回答说,"你们现在推销收银机和一年前的情况完全相同:同样的地区、同样的对象,以及同样的商业条件。但是,你们的销售成绩却比不上一年前。这是谁的错?是你们的错,还是顾客的错?"

同样又传来如雷鸣般的回答:"当然是我们的错。"

"我很高兴,你们能坦率承认你们的错,"查姆斯继续说,"我现在要告诉你们，你们的错误在于，你们听到了有关本公司财务发生困难的谣言，这影响了你们的工作热情，因此，你们就不像以前那般努力了。只要你们回到自己的销售地区，并保证在以后30天内，每人卖出5台收银机，那么，本公司就不会再发生什么财务危机了，以后再卖出的，都是净赚的。你们愿意这样做吗？"

当然，所有的人都说愿意。这些工作多年的推销员，缺少的不是工作经验或能力，而且是对公司状况的信心。一个实力强大的公司，忽然财务困难，甚至导致几千人面临失业的危险……这些消极情绪吞噬了他们乐观向上的精神，他们当然也不再有什么工作热情。然而，这种悲观的态度、消极的做法，却把自己和公司推上了绝路。

休斯·查姆斯正是看到了这一点，并且巧妙地运用一个惊人之举：站在大会的办公桌上擦皮鞋，引出了擦鞋小工友的故事，以此一针见血地指出了销售成绩下降的根本原因，并借此机会破除了弥漫在公司里的悲观情绪，为推销员注入了生机和活力。

效果不难想象，国家收银机公司又取得了优异的销售纪录，安然地渡过了难关。一个擦皮鞋的小男孩，为公司带来的效益是100万美元！信心和热情是人类一切事业成功的关键。这一点对于销售工作尤为重要。作为领导者，如何从根本上消除员工悲观失望的情绪，树立他们的信心，激发他们的工作热情，是企业能否走向成功的命脉所在。

态度决定一切。积极自信的人会迸发出惊人的创造热忱和工作热情，完成不可完成之事。

注重员工的精神待遇

员工的待遇包含两个部分——物质待遇和精神待遇，有时也称外在待遇和内在待遇。物质待遇主要指薪酬待遇，如薪水、福利、津贴、奖金和股票期权等；精神待遇是指工作的胜任感、成就感、责任感、受重视程度、影响力、个人成长和富有价值的贡献等。

员工除了有物质待遇方面的需求以外，还有精神待遇方面的需求。精神待遇具有隐蔽性的特点，它常常容易被员工和管理者忽略。

隐蔽性的特点首先表现在：精神待遇与物质待遇相比，精神待遇不像物质待遇那么容易测算和衡量，它难以进行清晰的定义、讨论和比较。所以，在谈到待遇时，员工和管理者都倾向于注重物质待遇，精神待遇往往会被忽略。

精神待遇是人的一种需求，它不会因为这种忽略而消失。根据赫茨伯格的双因素理论，人的精神待遇具有两种类型的精神需要，即激励需要和环境需要。激励需要包括工作本身、社会承认、责任、成就、发展、进步；环境需要包括企业政策与行政管理、工资、工作条件、与上级的关系、与同事的关系、与下级的关系、安全、地位。环境需要是保证员工正常工作的精神需要，激励需要是促使员工更好地工作的精神需要。

中国的企业往往不重视员工的精神待遇，认为把"员工是企业的主人"这样的标语刷在墙上就能起到激励员工的作用。在这一问题上，中国企业需要好好地向微软公司学习。

员工会通过对物质待遇和精神待遇的评估来判断他们的努力是否得到了企业的充分回报。由于精神待遇的隐蔽性，员工往往会用对物质待遇不满的抱怨表达对精神待遇的不满。比如，有的员工这样抱怨："我每天要受这么多气，为什么才拿这一点儿工资？"或者说"我的工作这么枯燥和乏味，工资应该高一些吧"等。

管理者经常会在没有弄清员工的抱怨之前，就盲目地提高员工的物质待遇。当然，提高物质待遇可以暂时弥补员工对精神待遇的不满，但它并不能从根本上解决由于员工对精神待遇不满而造成的管理上的冲突。所以说，用提高物质待遇的方法来弥补精神待遇的不满是得不偿失的。长此以往，公司的薪酬管理还可能陷入恶性循环。

企业管理者只有明白精神待遇的重要意义，才能全面地把握员工的需求。管理者可以通过改善员工管理体系来提高员工对精神待遇的满意度。另外，赋予员工管理和控制自己工作自由的权利，也可以为提高员工精神待遇的满意度起到积极作用。

如何引出员工的激情

著名管理顾问尼尔森（Bob Nelson）认为，未来企业经营的重要趋势之一，即是管理者不能再如过去一般扮演权威角色，而必须设法以更有效的方法间接引爆员工的潜力，才能创造企业最高效益。

尼尔森认为，未来管理者最重要的不只是与员工在每天的工作中有所互动而已，而且还要做到在不花费任何成本的情况下，去激励、引爆员工的潜力。他提供了几个不需花费任何成本的方法。

（1）有趣及重要的工作。每个人至少要对其工作的一部分有高度兴趣。对员工而言,有些工作真的很无聊,管理者可以在这些工作中,加入一些可以激励员工的工作。

(2)让资讯、沟通及回馈管道畅通无阻。员工总是渴望了解如何从事他们的工作及公司的营运状况,管理者可以以告诉员工公司的利益来源及支出动向为开端,确保公司提供许多沟通管道让员工得到资讯,并鼓励员工问问题及分享资讯。

(3)安排富有挑战性的工作任务。核心人才的能力超群,如果他们能挑100斤的担子,却只安排了50斤,一来会造成人力资源的浪费,二来核心人才也不乐意,会认为自己的价值未能充分发挥。因此,企业要帮助核心人才实现自身的价值,在能挑100斤的情况下,让其挑满,并在其乐意的情况下,适当加压,使其工作更具挑战性,并激发核心人才的潜力。要使工作富有挑战性的方法很多,除了上述的下放决策权外,还可以通过工作轮换和工作丰富化来实现。

当核心人才觉得现有工作已不再具有挑战性时,管理者可以把他轮换到水平相当、技术相近的另一个更具挑战性的岗位上去,并在工作中积极引导核心人才开拓创新,这样,由工作轮换所带来的丰富的工作内容,就可以减少核心人才的枯燥感,提高他们的积极性和忠诚度。

(4)参与决策及归属感。让员工参与对他们有利害关系的事情的决策,这种做法表示公司对他们的尊重及处理事情的务实态度。当事人(员工)往往最了解问题的状况、改进的方式以及顾客心中的想法;当员工有参与感时,对工作的责任感便会增加,也能较轻易接受新的方式及改变。

（5）独立、自主及有弹性。大部分的员工，尤其是有经验及工作业绩杰出的员工，非常重视私人工作空间，所有员工也希望在工作上有弹性，如果能给员工提供这些条件，会相对增加员工达成工作目标的可能性，同时也会为工作注入新的理念及活力。

（6）增加学习、成长及负责的机会。管理者对员工的工作表现给予肯定，每个员工都会心存感激。大部分员工的成长来自工作上的发展，工作也会为员工带来学习新知识以及吸收新技巧的机会，对多数员工来说，得到新的机会学习与成长，是上司最好的激励方式。

莫因为迁就而导致扼杀

在中国南方的一家公司，一批新进人员入职后被分配到各个部门，其中一个大学毕业生张强被分配在营业部从事内勤工作。

跟其他的新人相比，张强的表现可谓十分积极。只要经理下了命令，张强首先会声音洪亮地答应下来，然后迅速采取行动。每次见到这种情形，经理都会心满意足地微笑，认为发现了一个杰出的人才。然而事隔不久，经理逐渐意识到事情的另一方面。原来张强虽然行动迅捷，但常常做错事，这是为什么呢？原来，他总是还没有完全领会经理布置的工作的要领，就开始行动了。经理于是不断地对他进行提醒，可是收效却不大。有时甚至连一件小事，他都得重新返工好多次，对工作的影响很大。

百般无奈之下，经理去找老板商量。经过研究，他们觉得张强在待人接物方面的素质实在太差，不适合负责内勤联络事务，倒不如安排他做一些与人打交道不多的工作。于是，张强被改派到储运中心，专门负责开具进出货传票，从这之后，张强的工作表现就一直比较平稳，没有再出什么大的毛病。

工作满3年之后，公司进行常规人事调动，张强被调到公司生产部经理直接管理的内务组，这又是一份经常处理联络性事务的工作。张强很快就露出了马脚，因为他"很勤快但领会不了指示精神"的老毛病一直没有改掉。最后他引起了大家的强烈不满，大家甚至要求把他调走。但经理觉得他毕竟态度积极，也没太追究。

然而，不幸的事终于发生了。由于张强协调联络不到位，导致一条满负荷运转的生产流水线停止运转一小时。这是一起后果极其严重的生产事故，张强受到了前所未有的严厉斥责。一直受到照顾的他，十分想不通，便赌气不再上班，最后被开除了。在这个不幸的故事中，张强本人的性格弱点固然是主要原因，但他的上司和领导也负有不可推卸的责任。经理明知道他有"很勤快但领会不了指示精神"的毛病，却没有针对他的缺点采取相应的管教方法。

假如说经理有意识地训练他仔细倾听，而且听后让他复诵几遍，验证确实准确无误后再让他去做，反复不断坚持这样的训练，张强的缺点应该是可以矫正的。可是张强的领导没有这样做，而是迁就他的缺点，把他调到了一个不易出纰漏的工作岗位上去，结果导致他在下一个工作岗位上犯下了更加严重的错误，最后大好的青春年华就这样葬送掉了。

管理的最高境界是不用管理

春秋末期，道家学派创始人老子在《道德经》中提出了这样一种无为而治的统治思想："我无为而民自化，我好静而民自正，我无事而民自富，我无欲而民自朴""为无为，则无不治"。20世纪70年代，西方管理学界提出"不存在最好的管理方法，一切管理必须以时间、对象为前提"的权变管理方法，20多年来一直在管理学界经久不衰。

事实上，这两者之间有着惊人的相似性。按照老子的解释，治国应当奉行"无为而治"的原则，只有无为，才能无不为。对企业来讲也是一样，这是我们追求的目标。

管理的最高境界就是不用管理，"管理"是相对而言的，没有绝对的好，也没有绝对的不好，它是一个辩证对立统一的有机体。

曾经在网上看到一位员工发帖子抱怨说："我们老板非常讨厌，他喜欢突然出现在你背后，就为了看你是不是在聊QQ，他还经常在周末的时候，特地去公司翻看我们同事的聊天记录，查看我们有没有说他坏话。更好笑的是，他在查看完我们的电脑后，还会把员工设置的桌面背景改成他喜欢的人物。这样的行为让我们非常讨厌，我们总有一种被人监视的感觉，心里非常不舒服。"

帖子下面有人留言，让他马上离开那样的公司，有那样的老板在，公司是没有发展前途的。但是他回帖道："的确，我们聊QQ的时间并不多，老板不让我们闲聊，也不过是为了提高工作效率，可是就是不聊QQ，我也宁可坐那儿发会儿呆，那点时间也就浪费过去了。"这个帖子里面说的老板的确有些过分，但是，他也是可悲的。

想达到"无为而治"的最高管理境界,应满足下列几个前提:

(1)建立系统化、制度化、规范化、科学实用的运作体系。科学的运作体系是企业高效运行的基础,用科学有效的制度来规范员工的行为,来约束和激励大家对企业管理非常重要。

(2)具有强大领导力的领导者组成的一个高绩效的团队。高绩效的领导者要会发挥自己的影响力,要会激励下属,辅导下属,还要会有效地授权。他既要有高瞻远瞩的战略眼光,制定中长短期战略目标,又要有强大的执行力,把组织制定的目标落实到位,这样才会有好的结果。

(3)建构好的企业文化,用好的文化理念来统领员工的行为。企业既是军队、学校,又是家庭,在提高自己的职业素养和综合性的素质能力的同时,还能体会到大家庭的温暖。企业更具凝聚力、团队精神,能留住员工的心,使企业与员工能共同发展,共同进步,基业长青。

当然,企业管理没有最好的模式,只有最合适的模式。因为企业行业的不同,所处的市场环境、发展阶段、管理模式也不同。所以不能用一个固定的方法来照搬照抄,我们只能借鉴摸索,选择一条适合自己走的路。

尊重时间才能赢得成功

要想避免浪费别人的时间,有一个非常简单的方法,那就是询问别人。德鲁克认为,一个成功的时间管理者不仅懂得如何珍惜自己的时间,而且特别珍惜别人的时间。美国《论坛报》主编贺拉斯·格里利说："不在乎别人的时间，和偷别人的钱没什么区别。浪费别人1小时和偷走别人5美元有什么不同呢？况且，很多人工作1小时的价值比5美元要多得多。"华盛顿总统每天4点钟吃饭，如果应邀到白宫吃饭的国会新成员迟到了，华盛顿就会自顾自地吃饭而不理睬他们，这使他们感到很尴尬。华盛顿经常这样说："我的表从来不问客人有没有到，它只问时间有没有到。"他的秘书找借口说，自己迟到的原因是表慢了。华盛顿回答说："那么，或者你换块新表，或者我换个新秘书。"

富兰克林对经常迟到却总是有借口搪塞的佣人说："我发现，擅长找借口的人通常除此之外什么都不擅长。"

拿破仑有一次请元帅们和他共进晚餐，他们没有在约定的时间到达，他就旁若无人地先吃起来。他吃完刚刚站起来时，那些人来了。拿破仑说："先生们，现在就餐时间已经结束，我们开始下一步工作吧。"

美国前总统约翰·昆西·亚当斯也从不误时。议院开会时，看到亚当斯先生入座，主持人就知道该向大家宣布各就各位，开始会议了。有一次发生了这样一件事，主持人宣布就座时，有人说："时间还没到，因为亚当斯先生还没来呢。"结果发现是议会的钟快了3分，3分钟后，亚当斯先生像往常一样准时到达。善于应对客人的人，都会在接到来客名单之后，就事先预定花多少时间。美国总统西奥多·罗斯福就是这样一个模范人物：当一个久别重逢只求会见一面的客人到来时，他总是在握手寒暄之后，便很抱歉地说，他还有许多别的客人要接见，这样一来，来客就会很简洁地道明来意，告辞而返了。

有一位大公司的经理,他每次与来客把事情商洽妥当之后,便很有礼貌地站起身来,向来客握手道歉,叹惜自己不能有更多的时间再跟他多谈一会儿。那些客人对他的诚恳态度都十分满意,而不会认为他很吝啬地只肯会谈两三分钟,其实这样做,对于双方而言都节约了时间。

优秀的管理者不仅会设法回避那些消耗他们时间的人,而且会想方设法避免浪费别人的时间。对于那些不必要的废话,他们有一个恰到好处的收场方法;同时他们也绝不会在别人上班的时间内,和他人东拉西扯地谈些无关紧要的话。因为那样无疑是在影响人家的工作效率,损害他人应得的利益。

第四章

投资培训，对下属培养很重要

培训支出是企业投资

高素质的员工能够最大化地为企业创造效益，而低素质的员工总是在效率低下的工作状态中无意识地流失掉企业的利润。平庸的员工不但绩效平平，而且企业要在他们的辅导、培训、对工作后期改进，以及对他们的失误和错误进行补救上付出巨大的财力和精力投入。

企业中还流行"培训浪费论"的说法，认为培训是一项昂贵且得不偿失的活动。很多管理者认为企业的目的就是利润，花钱搞培训完全没有必要，认为现在高校每年毕业生很多，人才市场供过于求，用人完全可以到市场招聘，投资方没有必要浪费；即使搞培训也不愿意多掏腰包，尽可能地削减培训费用。

这是对培训的最大误解。在世界优秀的企业里，员工培训被认为是企业投资回报率最高的可增值投资。据美国教育机构统计，企业在员工培训方面每投入1美元，便可有3美元的产出。美国《财富》杂志指出："未来最成功的公司，将是那些基于学习型组织的公司。"成功学大师克里曼·斯通说："全世界所有员工最大的福利就是培训。"

这些优秀的企业管理者认为，员工培训可以提高员工的自觉性、积极性、能动性、创造性和企业归属感，可以增加企业产出的效益和组织凝聚力，并为企业的长期战略发展培养后备力量，从而使企业长期持续受益。他们已经将员工培训发展为企业解决实际和潜在问题、提升竞争能力、拓展市场份额、制定发展战略的核心工具之一。

以摩托罗拉为例。它被视为"无线通信巨人"，多年支配着世界无线通信市场，它持续领先的根本原因之一就是对员工培训的重视。摩托罗拉公司是当今职业培训潮流中最雄心勃勃的公司之一。公司把工资额的4%用于培训，每年用约两亿美元为其14万多名员工中的每一位提供至少40小时的培训。摩托罗拉的管理者认为公司庞大的培训计划一定会带来丰厚的经济效益。他们相信：在培训上每投入1亿美元，就会有30亿美元的回报。

20世纪80年代中期，时任公司总裁的罗伯特·加尔文认为，培训将加强公司的全球竞争能力。于是，他立即建立了摩托罗拉培训教育中心，大批员工在这里学到了技能，从而减少了生产中的差错。这个培训运动为摩托罗拉公司带来的直接结果是：畅销的产品开始从摩托罗拉的流水线上源源不断地生产出来，使公司成为美国第一家击败日本人的电子公司。

后来,他们又成立了摩托罗拉大学。摩托罗拉大学享誉国内外,总部在美国伊利诺伊州,全球有14个分校。每年教育经费在1.2亿美元以上。摩托罗拉的高级经理们相信,公司的未来越来越依赖于有创造性和适应性的员工。美国训练与发展协会的首席经济学家安东尼·卡内维尔说,"这种做法将使他们走上一条超常规发展道路"。

国内很多管理者对培训产生误解的原因有很多。首要原因是培训需求调查工作做得不够,即课程设计与人的需求脱节,致使管理者认为培训毫无用处。第二个原因是企业对培训太急功近利,希望"一口吃个胖子",总想让员工一经培训就能提高素质,企业就能见到效益。在培训之后,往往发现事与愿违,培训员工的积极性受到挫伤。第三个原因是害怕员工流失。很多企业发现,在对员工进行培训之后,被培训的员工流失倾向越来越严重,特别是一些培训后的技术骨干员工。出于对员工培训后流动的顾忌,有些企业对培训已经不是那么热衷。

殊不知,不对员工进行全方位的培训,即使员工的忠诚度很高,但他们的素质没有得到快速提升,这些低素质员工每天都在使企业流失潜在的市场机遇和看不见的利润。不对员工培训,是管理者对企业不负责任的表现,是企业最大的浪费。

选择最有效的培训方式

因材施教是开展员工培训必须遵守的一条重要原则。其实,对于企业而言，员工培训的目的是为了促进员工成长，从而实现企业对其的期望。这就需要企业在实施员工培训时，应该在因材施教的基础上，更加注重培训方式的有效性。评价有效性的重要标准是看培训的对象是否按照企业的培训愿望进行成长。

海尔在实施员工培训时，从来都是从企业的培训愿望出发，对培训对象采取最为有效的培训方式。海尔培训工作的原则是"干什么学什么，缺什么补什么，急用先学，立竿见影"。以海尔集团常务副总裁柴永林为例子。他是在20世纪80年代中期企业发展急需人才的时候入工厂的。一进厂，企业领导就在他的肩上压上了重担。领导发现，他的潜力很大，只是缺少一些知识，需要补课。企业希望他将来能够承担更大的职责，所以就安排他去补质量管理和生产管理的课，到一线去锻炼，边干边学，拓宽知识面，积累工作经验。

连柴永林自己都承认，这是最有效的培训方式，经过基层的几年锻炼，他各方面的能力都得到了补充和加强，对企业运营的宏观认知也上了一个大台阶。由于业绩突出，柴永林在1995年被委以重任，负责接收了一个被兼并的大企业。一年后，他就使这个企业扭亏为盈，并使这个企业创造了两年之内成为行业领头羊的发展神话。随后，他不断创造奇迹，《海尔人》称赞他："你给他一块沙漠，他还给你一座花园。"海尔的员工培训思路是"人人是人才""赛马不相马"。海尔集团自创业以来一直将员工培训工作放在首位，上至集团董事长，下至车间一线工人，公司都会根据每个人的职业生涯设计制订出极具针对性的培训计划，搭建个性化发展平台。在海尔，公司为员工设计了三种职业生涯：一种是对管理人员的，一种是对专业人员的，一种是对工人的。每一种都有一个升迁的方向，每一种都设置有一整套的专业培训。

海尔员工培训的最大特色是将培训和上岗、升迁充分结合起来。海尔的升迁模式是海豚式升迁。海豚是海洋中最聪明、最有智慧的动物，它下潜得越深，则跳得越高。如一个员工进厂以后工作表现很好，很有潜力，企业期望他做一个事业部的部长，但他仅有生产系统方面的经验，对市场系统的经验可能就非常缺乏。

怎么办？派他到市场上去。到市场去之后他必须到下边从事最基层的工作，然后从这个最基层岗位一步步干上来。如果能干上来，就上岗；如果干不上来，就回到原来的老岗位上去。即便是公司的高层管理人员，如果缺乏某方面的经验，也要派他下去，到基层去锻炼。

海尔的培训方式注重有效性还表现在现身说法上。以技能培训为例子，技能培训是海尔培训工作的重点。技能培训采用的是通过员工身边案例、工作现场进行的"即时培训"模式。具体说，就是抓住实际工作中随时出现的最优秀或者最失败的案例，当日下班后立即在现场进行案例剖析，针对案例中反映出的问题或模式，来统一人员的动作、观念、技能，然后利用现场广告牌的形式在区域内进行培训学习。

对一些具有典型意义的案例，他们会发表在集团内部的报纸《海尔人》上，引发更大范围的讨论和学习，从而使更多员工从案例中学到分析问题、解决问题的思路及观念，提高员工的技能。海尔就是凭借这种最为有效的培训方式来保证企业持续高速发展的动力的。

优秀的企业管理者应该向海尔一样,在因材施教注重培训针对性的基础上,突出培训方式的有效性、适用性,从而使培训产生巨大的经济效益。

告诉员工你对他的期望

领导的期望就是一条沟渠,被领导期望的员工像是流在沟渠里的水,总是能快速地实现领导的期望。要想促进员工成长,让员工知道企业对他们的期望很重要。

企业对员工的期望,表达的主要方式是分配其重要任务。英国卡德伯里爵士认为:"真正的领导者鼓励下属发挥他们的才能,并且不断进步。失败的管理者不给下属以自己决策的权利,奴役别人,不让别人有出头的机会。这个差别很简单:好的领导者让人成长,坏的领导者阻碍他们的成长;好的领导者服务他们的下属,坏的领导者则奴役他们的下属。"

让员工承担重要工作,是促进员工成长最有效的方式。松下幸之助就很重视企业人才的培养,他常对工作成就感比较强的年轻人说:"我对这事没有自信,但我相信你一定能胜任,所以就交给你办吧。"根据员工的才能、潜力委派任务,再适时加以指导和引导。对工作成就感比较强的员工,要善于压担子,为其提供锻炼与发展的机会,以挖掘其潜力,创造更大的成绩。领导者越是信任,越是压担子,员工的工作热情就越高,工作进展就越顺利。作为世界上最大的石油和石油化工集团公司之一,BP(英国石油公司)就常用任务来促进员工成长。BP 建于 1909 年,总部位于英国伦敦,是由原英国石油、阿莫利、阿利、嘉实多4家集团组合而成的。业务包括石油及天然气的勘探和生产、天然气和电力、石油销售以及石油化工和清洁能源太阳能。它也是世界上主要的交通燃料制造商和销售商,在燃料质量、装运、销售和零售方面享有盛誉。BP全球雇员约11.5万人,在全球拥有29200个加油站,其中在美国有1500个。

BP首席执行官布朗要求BP公司里的每个员工都要清楚两点:第一,自己的任务是什么,自己应该做什么,而不是由别人告诉你应该做什么。如果是公司的管理人员,他还要对团队成员的才能、素质以及自己掌握的资源所能做成的事情十分清楚。第二,任何人都要能做出详尽的工作计划,在研究公司战略上必须清楚和能正确评估其资金实力和可能有的多种选择。通过这两点,保证了整个团队的每个人都知道自己该做什么。因为每个人都理解什么事情能做和应该做,就能行动快,员工就能随着工作的完成而得到快速成长。

BP很重视对年轻人、开发管理人才的培养。他们的目标是使每一个进入BP的人都能做得更好。他们对有才能的年轻人进行培训,让他们到不同岗位、不同国家工作,丰富他们的经验,提高他们的领导技能,有能力的就提拔。对公司一级的接班人,还要让他们了解公司整体状况,了解决策是怎样做出的。决策前必须听到最好的建议,而不是先决策,再咨询。

对于有潜质成为重要高级管理人员的人,布朗培训最独特的方法之一是让他做1年至1年半布朗的个人助理,在公司内被戏称为"海龟"——这个词来自美国动画片《忍者神龟》。作为布朗的助理，小到递雪茄盒，替他做日程，大到旁听董事会辩论、决策，都要全程参与。布朗说，这是让年轻人通过观摩来学习怎样做出正确决策，怎样向人解释决策，怎样沟通，碰到问题时知道哪些该做，哪些不该做，明白如何分轻重缓急等，核心问题是学会怎样成功。

BP是个大公司，许多事情要靠各级管理者个人决断，所以，布朗认为，最好一次选对人，否则后患无穷。被重点培养的人，能够充分感受到公司的期望，所以，从布朗办公室走出的高级管理人员的工作都很出色。"我们有最好的队伍"是BP骄傲地写在年度报告上的3句话之一。布朗说，正是这样的机制使BP非常有效率。相反，把员工看作是螺丝钉，员工丝毫感觉不到公司的期望，公司管理者出于担心员工能力不足把事情做坏而事必躬亲，不仅累坏了自己，也不利于员工的进步和企业后备人才的培养。员工获得成长，管理者才能轻松起来。管理者不能替代下属的学习过程，他们能做的是对下属言传身教，对下属的工作予以指导和鼓励。告诉员工你对他的期望，他就能达到你的期望。

给下属学习的机会

俗话说：任何人固然可以轻易地把马牵到河边，但是若他们的马不想喝水，那么无论用什么方法也无法强迫它。指导下属的情况也是如此，如果下属毫无学习的意愿，那么即使强迫他，也不会有效果。

一般说来，唯有当管理者指导下属的欲望与下属学习的欲望一致时，下属才会愿意接受有关工作上的指导。可惜，目前的情况大多是下属不愿自动学习，或上司施教时虽懂了，不久却又忘了，甚至根本不理会。

因此为使下属完全了解工作，最理想的方法是待下属有学习的欲望时再予施教。然而，现实往往不允许我们如此悠闲地等待。

所以说，为了让下属尽快学习，而且是真心乐意地学习，就必须应用心理技巧。著名的拳击教练艾迪·汤姆先生，便采用一种毫不费时的方法培育出了许多世界级的选手："当对方如此进攻时，你该如何应付？"此时，选手们便一边练习，一边思考应付的方法，并以动作来表示答案。

事实上，当对方被问及意见时，基于一种被尊重及意欲表现的心理，任何人都会认真地加以思考，提出自己的见解。即使最初的答案并不完全正确，只要重新发问，应不难诱导出正确的答案。当对方想出真正的答案时，势必感到欢喜异常，学习意愿也必因此大为提高。而且因为答案乃是经由自己的思考所得，所以必然终生难忘，同时也将按照答案去执行。

1. 自己摸索学习

常言道：子女是看着父母的背影长大的。又如木匠或雕刻匠，当他们在成为名匠之前，师傅只告诉他们："看着做吧！"就是让他们自己摸索学习，学到的就是自己的。

在一般企业中，也常应用此种方法来训练员工。例如，某大建筑公司在召入新进人员的第一个月内，根本不让他们做任何工作。这对于怀着雄心壮志进入公司的新进员工而言，他们的感受又是如何呢？

"森田疗法"是日本的森田正马博士创造的，它在治疗神经病症的方法中可能是目前最卓越的。其中有一种被称为"卧褥疗法"，是让病人住在单人病房中，房内没有电视、收音机，甚至没有人与他交谈。即使到了用餐时间，护理人员将餐点送入之后，也是一语不发地离去。他们除了睡觉之外，必须度过极安静、无聊的时间。

如此一来，病人便安全沉浸在自我的领域中，面对自己的烦恼及苦闷加以思考并追根究底，有时甚至必须承受辗转反侧的痛苦煎熬。在迷惘、清醒、再迷惘的过程中，他们终究会达到一种"悟"的境界。从此以后，逐渐恢复平静的心情。此法开始实施时，会使人觉得百无聊赖，非常想找点事做，原来内向的，就逐渐向外向发展，从而变得外向。最后，先让他们做一些轻松愉快的工作，再逐渐改变为一般的工作，效率往往倍增。

这就是利用了一个人的"饥饿感"来引发其求知欲望的方法，其最终目的乃是帮助一个人由消极变为积极。如果把此种方法套用在培养新进员工方面，相信必有显著的效果。因为新进员工在初期必定仔细观察上司或同事们的所作所为。这样一来，就会让他们产生一种强烈的渴望，使他们确信自己能做得很好，从而让他们变得更加积极向上。

2. 兴趣是可靠的动力

克丁根先生做过一个实验。这个实验证明：人类的记忆是最不可靠的。该实验的内容如下：集合40位心理学家，让他们观看事前未加以解说的犯罪影片。影片开始是一名农夫突然把门踢开，进入屋内，另一名黑人则手持枪械随农夫进入屋内。接着两人大打出手，黑人骑在农夫身上，并发射子弹，最后两人走出房间。该片长仅30秒钟，事后让心理学家们写出自己的观后记忆。结果，在40人中，只有6人准确地记录了该影片的内容。

换句话说，具有客观观察能力的心理学家，竟也仅有15%的人能够记忆事前没有解说过的影片！由此可知人类的记忆并不可靠。所以，指导别人做一件事情，最好是能够让其不断地复习，由此可以让他加深记忆，牢牢地记住。毕竟，大多数人在听人谈话时，看似听得津津有味，其实，所能记住的却往往不足50%。

人的兴趣在事发当时可能极为敏感，但是，事过境迁之后，通常只能成为零碎的记忆。所以，在进行教导工作时，不妨让听讲者养成做笔记的习惯。这样，即使时间再久，由于有所记录，仍可使被教者保持对此事的兴趣。

把弱点作为培植的切入点

管人是一件复杂的事，人少的时候还好说，一旦手下有个百八十人，你就得想办法了。诀窍之一是抓住重点人物，培养几个能做事又信得过的帮手。让亲自培养起来的骨干力量成为亲信和嫡系，自己居于权力金字塔的顶端，就可以以点带面，如臂使指了。有句话说得好，使功不如使过。从别人犯了错的把柄入手，就可以迫使其发挥才智，将功补过，从此也将一直对你感激敬畏。汉代的朱博本是武将出身，后来调任地方文官，他为了制伏地方上的恶势力，使用了一些巧妙的手段，后来被人们传为美谈。

在长陵一带，有个名叫尚方禁的人，大户人家出身，年轻时曾因强奸别人的妻子，被人家砍伤面颊。这样一个恶棍，本应重重惩治，但官府的功曹在收受贿赂之后，却没有将其革职查办。此人最后甚至被调升为守尉。

朱博上任后，有人向他告发此事，朱博心中震怒，于是找了个借口召见尚方禁。尚方禁见新任长官突然召见，心中有些慌乱，但也不得不硬着头皮前来。朱博仔细一看他的脸，果然发现有瘢痕。朱博就将左右回避，装作十分关心的样子问尚方禁："你这脸上的伤痕是怎么来的啊？"

做贼心虚的尚方禁猜测朱博已经了解了他的情况，心想这下肯定完蛋了，于是磕头如捣蒜，嘴里不停地说道："小人有罪，小人有罪……"

"既然承认自己有罪，那就老老实实地给我讲来！"

尚方禁于是从头到尾如实地讲了整件事情。朱博听了，跟以前闻知的消息差不多。他目光严厉地盯着尚方禁，尚方禁吓得头也不敢抬，只得一个劲儿地磕头哀求。朱博却突然大笑起来，说道："男子汉大丈夫，发生这种事情在所难免。本官想给你一个戴罪立功的机会，你觉得如何？"

死里逃生的尚方禁当然是求之不得，又扑通一下跪倒在地："小人万死不辞，一定为大人效劳！"

于是，朱博又好言抚慰了一番，令尚方禁不得向任何人泄露今天的谈话，并要他有机会就记录一些其他官员的言论，及时报告。从此，尚方禁就成了朱博的亲信和耳目。尚方禁对朱博的恩德时刻铭记在心，因此，做起事来格外卖命。不久就破获了多起盗窃、强奸案件，当地的治安情况得到大大改观。朱博遂提升他做了县令。

又过了一段时间，朱博又传令召见那个当年受了尚方禁贿赂的功曹。对待他跟对付尚方禁的手段类似。首先是私下进行严厉训斥，并拿出纸和笔，要那位功曹把自己受贿的事通通写下来，不得有丝毫隐瞒。

吓坏的功曹早就知道朱博不是好惹的主，于是老老实实地交代了所收受的每一笔贿赂。朱博早就从尚方禁那里知道了这位功曹贪污受贿、为奸为贼的事，看过功曹的交代材料，发现基本无误，此人确实坦白了，于是对他说："你先回去好好反省反省，听候裁决。从今往后，一定要改过自新，不许再胡作非为！"说完，就拔出刀来。

那功曹一见朱博拔刀，吓得两腿一软，只见朱博将刀晃了一下，一把抓起那位功曹写下的罪状材料，三两下，将其裁成纸屑，犯罪证据就这样被消灭了。功曹还有些不信，却听朱博对他讲："你出去吧！还是继续去当功曹。"那位功曹如获大赦，一步一拜地退了出去。

从这以后，那位功曹终日如履薄冰、战战兢兢，工作起来尽职尽责，不敢有丝毫懈怠。

第五章

赞美批评，管理中的"褒贬"艺术

求全责备是激励的大忌

古人云："水至清则无鱼，人至察则无徒。"从道德上来讲，为人必须清、正、廉、洁。但要求过分，就会变得刻板，不能对人持宽容厚道之心。对人不能持宽容厚道之心，也就不能容人，不能容人也就不能用人，不能得人之心。这是企业的管理者培养忠诚下属不可忽视的重要细节。

金无足赤，人无完人。古往今来，大凡有见识、有能力，成就一番事业的人，往往有着与众不同的个性和特点。他们不仅优点突出，而且缺点也明显。管理者如果在处人、用人方面过于求全责备，就会显得不通情理。一个令下属乐意追随的领导往往都有容人之量，俗话说"宰相肚里能行船"。如果秋毫毕见，就让人觉得难以相处，愿意跟随你、与你共事的人会越来越少，最终难成大事。

看人要深，处人要浅；看人要清楚，处人要糊涂。这就要求管理者把握住大的原则，不要纠缠于小节，对小缺点要宽容，对个人性格的独特方面要给予理解。

特别是那些有独特才能的人，其性格特点也比较明显，要用这样的人，宽容、理解就是非常必要的。无宽容之心、理解之情，自然无法赢得这些人的追随，让他们尽情发挥作用，就显得很困难了。

为什么有些领导在看待自己下属的时候，经常横挑鼻子竖挑眼呢？其中的原因很复杂，但就其思想方法而言，主要在于不能辩证地分析看待人的优点和缺点，长处和短处，求全责备。

美国管理学家德鲁克在《有效的管理者》中有一段精彩的评述："倘要所用的人没有短处，其结果至多只是一个平平凡凡的组织者。所谓'样样皆是'，必然一无是处。才干越高的人，其缺点往往越明显。有高峰就有低谷，谁也不可能是十项全能。一位领导者仅能见人短处，而不能用人之所长，刻意挑其短而非着眼于展其长，这样的领导者本身就是一位弱者。"

唐代大文学家韩愈也说过："古代的贤能之人，要求自己严格而全面，对待别人则宽容而简约。对己严格而全面，所以才不懈怠懒散；对别人宽容而简约，所以别人乐于为善，乐于进取……现在的人却不这样，他对待别人总是说：'某人虽有某方面的能力，但为人不足称道；某人虽长于干什么事，但也没有什么价值。'抓住人家的一个缺点，就不管他有几个优点；追究他的过去，不考虑他的现在。提心吊胆,生怕别人得到了好名声,这岂不是对人太苛刻了吗?"

对待别人苛刻,最终会落个孤家寡人、众叛亲离的下场。不仅不能用好手上的人才,也没有人愿意与之共事、为其效力。春秋五霸之一的齐桓公就说:"金属过于刚硬就容易脆折,皮革过于刚硬则容易断裂,为人主的过于刚硬则会导致国家灭亡,为人臣过于刚强则会没有朋友。过于强硬就不容易和谐,不和谐就不能用人,人亦不为其所用。"

综观历史上那些深得人心的管理者,哪个不是深抱宽容之心,广有纳天下之度,处人用人,该糊涂处糊涂,该清醒处清醒。曹操用人不拘品行,唐太宗用人只注意大节,都可说把用人的这一原则发挥得淋漓尽致。而隋朝的隋文帝以为只有依靠法律条文才能治天下,所以他以法律条文为依据考察部下,有小过失就加以重罚,结果弄得众叛亲离。

因此,管理者要想赢得下属的追随和效忠,就应当有容人之量,不以"完美"要求员工。这样不仅有助于相互间取长补短,更能有效发挥出下属的优点。

批评要有技巧

俗话说,金无足赤,人无完人。任何人都有犯错误的时候,作为重要的管理手段之一,批评的最大作用在于纠正下属的错误,使其保持正确的做法和行为,并寻找最佳的工作方式。从管理效果的角度来说,批评的唯一功能是使下属在下次同样的场景中避免错误，表现更好。

为了实现这个功能，这就需要管理者在出言批评下属前，先做好调查工作，比如要充分了解下属犯错误的原因和过程，错误的严重程度和最坏结果。一般的经验是，对情况了解得越透彻，批评时就越能切中要害。这就要求管理者不要对下属滥加批评，或是一看到表面现象就冲动论断，否则只会让批评效果适得其反。

另外，管理者在批评之前要弄明白批评的目的。做任何事情都需要目的，批评也不例外。很多人往往把批评单一地看作是对下属既往行为的意见和指正，事实上，批评是管理的一个环节，通过批评能够使下属知道领导的意见，更为重要的是，要通过批评使下属知道未来应该怎么办，只有这样，才能在未来做得更好。

正在和同事有说有笑的李明，口袋里的手机突然响了。一看是经理办公室的电话，李明忙接通说："经理——""小李，你到我办公室来一趟！"销售部经理啪的一声挂了电话，让刚刚还有说有笑的小李一下子心惊胆战，忐忑不安地走进了经理办公室。

"你最近怎么回事，自己看看这个月的销售成绩多差劲。你看看别人，就连新来的小孙都比你强。你以为我给你这么高的工资你就不用工作了，你连个销售冠军都保不住，别再提加薪的事了！"李明没来得及开口，就挨了经理一顿连珠炮般的轰炸，经理还顺便把一叠厚厚的报表扔到他面前。

"经理，你听我解释。"李明本想趁机把工作中的问题与经理沟通一下。

"我不想听解释，自己回去好好反省吧。我给你一次机会，要是下个月你的业绩还不能上来，那你的年终奖金就不发了。好了，我还有事。"经理不耐烦地摆手示意欲言又止的李明出去。

满脸委屈的李明无奈地走出经理办公室，想起经理那咄咄逼人的架势，心里就窝火得厉害。由于被经理分派到刚刚开发的市场，客户数量不多，销售额自然不能和成熟市场相比；而小孙虽说是新员工，进公司就被安排到原有的老市场，客户源稳定充足，客户关系网坚固牢靠。小李觉得经理只看数字，不问事实，心里很委屈，工作热情也不高了。在实施批评的过程中，管理者首要做的事情是肯定他所做的事情中的好的部分。也就是说，在批评之前先进行表扬和肯定。美国著名企业家玫琳凯采取了"先表扬，后批评，再表扬"的做法，比方说，有人某件事情做得不够好，大多数情况下，直接批评的话效果一定不好，而是要先使用赞美，然后使用小小的批评，最后再去赞美。

其次要明确、直接和客观地指出他的不足或错误。管理者在批评员工时一定要尊重客观事实，我们批评的是错误的行为，而不是对方本人，请记住批评应对事不对人。批评要尽可能以友好的方式，结束时管理者可以对此进行鼓励或提出希望，微笑着说"我相信你会做得更好"，或者"我期待看到你在工作上有更出色的表现"等。

批评的功能是促使下属进步，所以在实施批评的过程中要注意人的培养。成长性是个人在组织中追求的一个目标。教他并且让他成长，能够得到对他的最大激励。这种境界的提高，往往能够消除他受到批评以后的不良情绪，反而让他动力更足。

管理者切记不要将批评当作个人情绪的发泄渠道。如果仅仅是不满情绪的发泄，那么这个批评的实施将会毫无意义。因为你不能通过批评得到什么，反而会不利于将来工作的开展。在批评手下的时候，一定要明白，下属本来就不如你。他们可能在某些方面比你出色，但从整体来说，还是比不上你，比如资源和经验不足等。在批评实施过程中，要对下属的错误有所宽容，并不是任何错误都需要严厉批评。

管理者应掌握的四大批评技巧是：

（1）批评要秘密进行。当众批评会增加他的心理负担。正确的做法是和他单独交谈，让他体会到管理者对他的关怀，进而使他愿意正视自己的问题与错误。但并不是所有的批评都要秘密进行，当一个错误出现，而别人在未来工作中有极大可能重复犯错时，就需要公开批评，以示警示。

（2）批评要直接。管理者常见的批评误区是力求自己的批评之词尽可能委婉。许多管理者因为担心被员工视为尖酸刻薄的主管，因而在批评员工时，总会再三斟酌用词，希望让批评的话语减弱杀伤力。事实上正是因为用词足够委婉，批评的效果才大打折扣。正确的做法是就实际情况提出具体的做法。

（3）批评要当面。人后不说闲话，批评也是如此，对下属的批评，一定要当面指出。这样管理者的意见和态度，才能让下属非常清楚地了解，同时也有助于彼此交换意见。如果在背后进行批评，很容易引起误解，不仅有损自身的领导形象，而且还会激发新的矛盾。

（4）批评时要恰当用词。恰当用词表现在两个方面：一是不要使用戏谑言辞，管理者以严肃的态度做出批评时，反而较容易为员工所接受。如果管理者以戏谑的口吻，很容易会被下属误解为讽刺；二是不要冷言冷语地批评，管理者不要讽刺挖苦、污辱人格或骂人，也不能嘲笑对方的生理缺陷，否则批评不仅没有成效，反而会适得其反。

温暖和严寒兼用

绝对严厉和强硬的领导确实可以树立威信，能够指挥员工却不能融入员工；适时的亲和力、婉转的处事手段，则可以让领导人更快地贴近员工，让员工对其产生由衷的信赖和支持。因此，优秀的经理人一定会将温暖和严寒并用。

温暖和严寒兼用，就是胡萝卜加大棒的管理艺术。"胡萝卜加大棒"是激励方式中的一种。这种暗喻是指运用奖励和惩罚两种手段以诱发人们所期待的行为。它来源于一则古老的故事，要使驴子前进，就在它前面放一个胡萝卜，并且用一根棒子在后面赶它。

胡萝卜加大棒理论的根源是：古典管理理论把人假设为"经济人"，管理学家认为人的行为是在追求本身最大的利益，工作的动机只是为了获得物质报酬。这种理论认为，人的情感是非理性的，会干预人对物质利益的合理要求，组织必须设法控制个人的感情。控制个人感情的方法就是既有胡萝卜这种利益的诱惑，又有大棒式的严格管理。

其实胡萝卜加大棒的管理艺术早在我国古代就有使用。

唐太宗在去世前故意找借口贬了辅佐太子的宰相李勣，太子李治继位后，又让李勣复任宰相。李勣对新皇自然是感激涕零，从此以后感恩戴德，忠心耿耿。

唐太宗使用的就是"胡萝卜加大棒"的手段。李勣是元老级功臣，唐太宗担心其不服太子李治，恐怕太子驾驭不了这位权高位重的宰相，这才故意利用手中的大棒狠狠地敲打了李勣一棒，让太子再给其胡萝卜的奖励——官复原职。一降一升中，李勣被训得心服口服。

管理的对象是人，因为人是有感情的，这就决定了管理中既需要严格要求，又需要适当激励。经理人要想使管理卓有成效，成为一个优秀的管理者，就必须学会运用胡萝卜加大棒这门管理艺术，否则管理的效率将会大大降低。

如果经理人一味地给下属胡萝卜式的甜蜜，而丢掉了棒子，无形之中，也就丢掉了作为领导者的权威。这是胡萝卜加大棒管理方式使用中常见的误区之一。在管理过程中，经理人可以做到不用棒子，但是手中必须紧握"大棒"。必要的时候适当地敲打一下，以示警告。

还有一个比较常见的误区是有些经理人在督促下属工作时习惯使用"大棒"而不用"胡萝卜"，总认为用正面的刺激去鼓舞下属没有批评人来得更为直接。但是大棒管理者应该想到，员工整日在一副威严的面孔下工作，心理处于紧张状态，工作乐趣从何而言？不能轻松愉快地工作，何谈工作热情？

在管理下属的过程中，光有"软"的或"硬"的似乎都不妥。一个优秀的经理人应该知道：最高明的管理是软中有硬，软硬兼施，刚柔并济，让员工为之卖力，又不会有机会因备受青睐而得意忘形。

赞誉方式要富于变化

每个下属都希望得到管理者的表扬,因为这就意味着自己的工作受到了肯定,也说明自己在管理者心中有一定的地位。同样,管理者也要不断地通过表扬与赞美下属,使他们有一种成就感。但是,也并不是所有的表扬与赞誉都能赢得好的效果,事实上,不加注意、随意的表扬或赞美往往还不如不表扬。

1. 不轻易表扬

赞美本身虽是好意,但如果经常予以不痛不痒的赞美,对方在习以为常之后,便不再心存感激了。也就是说,对方已在心理上形成一种习惯,就像寓言中,看守羊群的孩子一再喊"狼来了"欺骗众人,当狼真的来了时,众人反而不再相信他一样。

所以,如果当事者本人不认为值得赞美而你却予以赞美时,他就不会心存感激,即使你是真心诚意要赞美,也得不到预期的效果。

2. 挖掘下属的优点

管理者要有挖掘这些一般下属优点的眼光,如果管理者能够在日常的工作事务中发掘出他们的优点并予以哪怕是口头的表扬,就可能改变很多人,使他们的潜能被大大地激发出来。

管理者的表扬与赞美,意味着下属的工作受到了肯定,得到了管理者的重视与注意,不仅会使被表扬者更加努力工作,而且还会使他们对管理者产生好感。但管理者如何满足下属这种心理与精神上的需要,则是很有艺术和方法的,搞得好,可以使管理者的威信倍增,更加顺利地开展工作,使手下人愉快地接受和听从其指示、命令；反之，管理者若只是一味指责下属的不足和缺点，或不加选择、随意滥用这一手段，就会适得其反。

3. 及时奖励

当下属们在业务和工作上取得了成绩的时候，要及时鼓励，这对于受鼓励者是至关重要的，因为他会觉得，管理者在时刻关心着自己。这里有两个非常好的例子。

一是美国企业家老托马斯·沃森在对公司巡回管理时，每每见到下属们有创新和成就时，就当场开写支票进行鼓励，并立即贴出告示公开予以表扬。

二是美国福克斯博罗公司急需做一项生死攸关的技术改造。有一天深夜里，一位科学家忽然解决了这个问题，于是，他招呼都没打就闯进了公司总裁的办公室。总裁听完他的来由和介绍后，不仅没有生气，反而不断地赞美他的高明和美妙，说"简直令人难以置信"，并在心里琢磨着该怎样给他最快的奖励。但时值半夜，总裁在办公室的各个角落找来找去也只找到了一只香蕉，但他仍然躬身对那位科学家说："我现在实在找不到更好的东西奖给你了，这个先给你吃。"自此以后，"金香蕉"形的东西，就成了福克公司对有突出贡献者的最高奖赏了。

4. 在第三人面前进行赞美

赞美若是通过第三者传达，效果便截然不同了。此时，当事者必认为那是认真的赞美，毫不虚伪，于是往往真诚地接受，并为之感激不已。当然在深受鼓励之后，这位属下一定会更加努力，其结果自是可想而知的。

在我们的周围，可把这种方法派上用场之处不胜枚举。父母希望孩子用功读书时,也可利用此法;在评价下属的工作时,当然更可以使用此法。例如对下属的顶头上司说句好话,或故意在下属的妻子面前赞美该下属,这些方法都可以抓住下属的感情,让他们产生更加努力工作的意愿。

5. 不看地位高低

地位高的人所创造的价值,从绝对值来说,一般比地位低的人要大,但那是他职务上的本分,也就是说这是他工作中应做的事,若不能出众,是没有必要褒奖的。"酬劳就在薪金之中",某些企业奉行的这句口号,正说明了这样一种关系。

社会是一架庞大的机器,每个人都在一定的位置上工作,我们不能要求大家都来做电脑。至少,一台机器,总需要动力和传动装置吧,其他还有许许多多东西,直至一枚小螺丝。合理的组合,即把每个人放到最合适的位置上。

因此,我们鼓励论功行赏。论功行赏,就是鼓励每个部件都发挥出最好的作用,最终求得整个机器的高效率运转。若失去论功行赏的本质,而只留下地位的竞争,其结果是不难想象的。

6. 巧用暗奖手段

明奖的好处在于可树立榜样,激发大多数人的上进心。但它也有缺点,由于大家评奖,面子上过不去,于是最后轮流得奖,奖金也成"大锅饭"了。同时,由于当众发奖容易产生嫉妒,为了平息嫉妒,得奖者就要按惯例请客,有时不但没有多得,反而会倒贴,最后使奖金失去了吸引力。

许多国际化企业大多实行暗奖,老板认为谁工作积极,就在工资袋里加钱或另给"红包",然后发一张纸说明奖励的理由。暗奖对其他人不会产生刺激，但可以对受奖人产生刺激。没有受奖的人也不会嫉妒，因为谁也不知道谁得了奖励，得了多少。其实有时候管理者在每个人的工资袋里都加了同样的钱，可是每个人都认为只有自己受了特殊的奖励，结果下个月大家都很努力，以争取下个月的奖金。

鉴于明奖和暗奖各有优劣，所以不宜偏执一方，应两者兼用，各取所长。比较好的方法是大奖用明奖，小奖用暗奖，例如年终奖金、发明建议奖等用明奖方式。因为这不易轮流得奖，而且发明建议有据可查，无法吃大锅饭。月奖、季奖等宜用暗奖，可以真真实实地发挥刺激作用。

7. 更换方式

现代企业最常用的激励和表扬方法就是发奖金，管理者们不难发现，这样的效果往往并不是很好。因为事实证明，陈旧的、单调的、传统的激励方法已不能使员工们兴奋，因而也就达不到激励和表扬的效果。怎样才能给员工和下属们一些新鲜感呢？这就需要管理者开动脑筋，别出心裁地想出新颖的办法来，如组织优秀员工旅游观光，或给他们适量的自由时间，当然还可以组织各类活动等。

某一企业的经理在给优秀的下属们发奖金的同时，又在地方电视台为他们点播歌曲和文艺节目，此举令全体员工哗然，取得了很好的效果。新的表扬和激励方法给员工们留下了不可磨灭的印象，也使表扬达到了预期的效果。因此，表扬与激励方式一定要富于变化，要多样化。

直接解释问题比说什么都好

当组织中出现问题时，一个很好的解决方法就是直接解释问题，也就是坦诚沟通。对于领导人来说，坦诚意味着在你做口头、非口头的沟通时，表现得很直接、透明、开放、坦率。身为领导人，你必须化解所有的恐惧、不确定性与疑虑。告诉员工，他们应该知道的事。告诉人们你想要什么，对他们有什么期待，或对他们有什么打算。同时，询问他们想要什么，有什么期待，或对你有什么打算。

前白宫特派员博克威兹描述他的坦诚沟通经验时说："你看到的就是真实的我。我告诉人们，我是谁，我是怎样的人，我擅长的事，以及对我而言重要的事。同时，我也会询问他们是谁，他们从哪儿来，他们追求什么。"

坦诚是一个领导者工作高效的秘诀。一位美国企业家说："在跟某人合作的第一天的第一个小时中，我就会开诚布公。在第一场会议上，我会说明，我的目标就是尽快将我们工作关系间的神秘面纱揭开。如此一来，我们就可以一起有建设性地将重心放在即将面对的挑战上。"

他还说："在第一场会议中，我会告知众人，什么事对我而言很重要，包括我试着成为什么样的领导人，我在组织中重视的是什么，我强调管理报告中的什么资讯，我如何喜欢这个产业，我的规划哲学，我的营运模式，我的背景，以及我最喜欢的名言等。"

坦诚是每一位领导者都应具备的优秀的工作作风。作为领导者，身体力行、率先坦诚沟通很重要。这样可以在组织内部建立一种信赖感，这种信赖感可以带来组织成员高度的承诺。

在"蓝色巨人"IBM"病入膏肓"时，CEO郭士纳以"医生"的身份进入IBM，由此创造了一个商业神话。倡导坦诚沟通是郭士纳成功的一大要素。

郭士纳上任后第一次会见公司的管理班子，他便采用了"开诚布公"策略，收效不错。下面便是他坦白告知下属的管理哲学和管理实践：

——我将按照原则而不是程序实施管理。

——市场决定我们的一切行为。

——我是一个深深地相信质量、强有力的竞争战略与规划、团队合作、绩效工资制和商业道德责任的人。

——我渴求那些能够解决问题并能帮助同事解决问题的人，我会开除那些政客式的人。

——我将致力于战略的制定，执行战略的任务就是你们的事了。你们只需以非正式的方式让我知道相关的信息，但不要隐瞒坏消息——我痛恨意外之事，不要试图在我面前说谎，要在生产线以外解决问题，不要把问题带到生产线上。

——动作要快。不要怕犯错误，即便是犯错误，我们也宁愿是因为行动太快而不是行动太慢。

——我很少有等级制度的观念。无论是谁，也无论其职务高低，只要有助于解决问题，大家就要在一起商量解决。要将委员会会议和各种会议减少到最低限度。取消委员会决策制度，让我们多一些坦率和直截了当的交流。

——我对技术并不精通，我需要学习，但是不要指望我能够成为一名技术专家。分公司的负责人必须能够为我解释各种商业用语。

通过阐述自己的管理哲学和管理实践，郭士纳让手下50名高层领导者了解了他的工作态度与工作作风。让他们明白他所看重的是什么，他所期待的是什么，他所强调的是什么。

可以说，坦诚沟通对郭士纳顺利开展工作起到了积极的作用，使他能够很快赢得公司上下的信任与协助。在几年内，他力挽狂澜，让濒临倒闭或分拆的IBM转危为安，并且重新恢复了行业领袖的位置。

作为领导者，尽早沟通，经常沟通，并且做到坦诚沟通是十分重要的。当你与员工坦诚沟通时，你必须建立一种信任，通过你的沟通行为，传达这样一种隐含信息："我欢迎沟通；与我沟通是很安全的；对于坦诚的沟通行为，我很欣赏。"

批评要让对方心悦诚服

有些领导在批评别人时，总爱摆出一副"恨铁不成钢"的模样，张口闭口"瞧你这德性""叫我说你什么好""真不想再理你"之类的套话。经常一开头，就让被批评者心不服，气不顺，产生逆反心理，拒绝进行合作。

其实，批评是对"过失者"的一种关心与负责任的督促。指出他人的缺点与错误，找出其薄弱环节，意在使其今后扬长避短，更好地为人处世。这是对"过失者"最大的关心，最大的爱护，也是对下属负责任的表现。只是，批评要让人心悦诚服地接受，需要注意技巧。

1. 要肯定与否定相结合

批评完别人后,为别人找找犯错误的原因,并对其以前的工作加以肯定。批评本身不是目的而是手段,在指出他人错误的基础上,真正使对方改掉错误,更好地开展学习与工作才是最终的目的。这一方面要求批评者应肯定对方以往的工作成绩,不能因批评而打击对方的信心,另一方面还要尽量帮助对方分析犯错误的原因,为其提供切实可行的解决办法。

2. 不要直击对方的错误

卡耐基认为,间接指出别人的错失,要比直接说出口来得温和,且不会引起别人的强烈反感。有些领导在批评别人时,常常会犯这样一个错误,就是当发现对方有明显的错误时,会毫不客气地批评对方说:"那是错的,任何人都会认为那是错的!"这样一来,对方的自尊心会因受到伤害,而突然陷入沉默,或挑剔你的言辞而拒绝接受你的批评。

因此,为了不触犯对方的自尊心,即使发现了对方的错误,也不要立刻指出,而应采取间接的方式,委婉进行批评。据说美国政治家富兰克林年轻时非常喜爱辩论,尤其是对于别人的错误更是不能容忍,总是穷追到底。因此,他的看法常常不能被人接受。当他发现了自己的缺点之后,便改以疑问的形式表达自己的意见,后来他取得了众所周知的成就。

由此可知,不要用"我认为绝对是这样的"这类口气威压对方,用"不知道是不是这样"这种委婉的态度与对方交谈效果会更好。

批评是我们常用的一种手段,但我们有些人批评起别人来简直让他人无地自容，下不了台阶。其实，这种批评方式不但无法达到让他人改正错误的目的，而且有碍于上下级关系。

3. 给对方留下自我反省的时间

不立即批评对方，而为其留出足够的时间自我反省，等到其认识错误之后，再在另外的时间和场合委婉地予以提示。

当领导发现了下属在工作中所犯的错误时，如果这个下属平常有较强的责任心，那么即使领导不当即提出批评，他也会对自己所犯的错误产生歉疚与自责心理的，对于这一类型的下属，领导完全可以不当即批评，而留出一段时间来让他自己认识错误，自己对自己的工作态度和工作方法做出反省。为了防止下属产生侥幸心理，领导又不可让事情不了了之，而应在适当的时间和场合对下属的错误给予提示，既不令其难堪，又让下属意识到领导始终在关注着他的"后效"，从而起到警策作用。

第六章

赏罚分明，刚柔并济管理下属

让制度为公正导航

孙子说："法者，曲制、官道、主用也。"(《孙子兵法·始计第一》)所谓法，在孙子眼里是指军队的组织编制、将吏的统辖管理和职责区分、军用物资的供应掌管等各个方面的管理制度。孙子毫不掩饰地强调了制度的重要性。对于企业而言，如果没有制度，将会毫无公正可言，最终会毫无战斗力。有一次，IBM 工厂的一个即将被开除的机工找到小沃森，气愤地说："经理待人不公平！我干的活比整个车间的任何人都多，而我拿的工资却最少！"

小沃森无法相信在他的工厂里也会发生这种事情。他立即给那个工厂的经理打电话。他把这个机工的话一字不漏地告诉了经理。经理并没有否认，但却吞吞吐吐地解释说："他是一个非常不愿合作的工人。他不是 IBM 俱乐部的成员，他不参加我们的厂外活动，有时他来上班时甚至穿着不整齐。"

小沃森对经理的回答很不满意，这些根本不是他想要听到的答案。他又给那个申诉的机工的工头打电话，他直截了当地质问道："机工说他干的活最多，拿的工资最少，这是不是真的？"

工头说："他在给公司丢脸，他家的院子里放着几辆破汽车，他不好好照管他的子女。"

经理和工头的话让小沃森明白了那个机工面临着所谓的 IBM 保护协会的虐待。在这个协会里，地方管理人员相互包庇，受到伤害的始终是毫无过失的底层员工。最后，小沃森查清了事实，那些管理人员不得不承认机工没有说谎。

小沃森决心改变公司这种赏罚不分的局面。这件事发生以后，小沃森带领高级经理到美国所有的 IBM 工厂考察，并制定了将工资同效率挂钩的奖勤罚懒制度。此举曾在 IBM 公司引起相当大的轰动。

老沃森在创建 IBM 公司时一心想要把公司创建成具有明确原则和坚定信念的公司，其中一个原则是：必须尊重每个员工的权利与尊严。公正机制是企业管理的基础。尊重个人，就应该以每个员工对公司的贡献大小来核定，绝非以资历或其他方面的因素来论。有优异成绩的员工就会获得表扬、晋升、奖金，任何人都不能违反这一准则。

制度能够为建立公正的氛围提供保障。内部招聘制度的建立，使所有员工都在同一平台上进行竞聘，确保竞聘过程的公正性。

联想集团掌门人柳传志说："爬喜马拉雅山，可以从南坡爬，也可以从北坡爬。联想一旦决定从北坡爬，大家就不要再争了，哪怕北坡看似更远、更陡、更危险。"他的意思是说：企业管理要制度化，而且制度不是用来讨论的，而是用来执行的。也就是说，企业若想顺畅发展，就一定要有一套完善的管理制度，并且所有人都得严格按照制度执行。

言教再多也不如身教有效。若想让员工遵守制度，前提是管理者首先要管好自己，为员工们树立一个良好的榜样。行为有时比语言更重要，领导的力量，往往不是由语言而是由行为动作体现出来的，管理者的表率作用尤其重要。

制度不是制定给人看的，而是让人遵守的。一旦制定，组织中任何成员都必须受到制度的约束，这样才能发挥制度的作用。制度不仅仅让员工的行为有了底线规范，更让管理变得简单、公正。因此，管理者要做好制度的建立者，更要做好制度的守护者与执行者，只有这样，制度才能在促进公正方面发挥最大效用，才能使组织因为足够公正而具有强大的凝聚力。

关键在于度的把握

管理者对员工进行激励，关键在于"度"的把握。激励失去分寸和节制，就会走向极端，最终导致激励无效。激励要讲究分寸，做到适度，最合适的才是最好的。管理者激励员工要适当适时，不可机械地单一奖励或者一味地处罚。我们可以从一代枭雄曹操身上得到启迪。

曹操以赏罚分明著称，奖励和处罚都很到位，对于有功之臣，加以重赏。他深知重赏能极大地调动下属的积极性，使其最大限度地为自己效力。对做了错事的人会给予重罚，就连曹操自己做错了也会主动检讨和受罚。

曹操将激励与约束相融合，"赏罚必行"是其调动部下积极性的法宝。为了有法可依，奖罚分明，他于建安七年至十二年先后颁布了《军谯令》《败军令》《论吏士行能令》《封功臣令》等法令，并将二十多名有功将吏封为列侯，同时对有过者给予惩处。

这种恩威并施的奖罚机制为其结束三国鼎立的局面奠定了深厚的基础。曹操对于忠心耿耿的贤才臣僚，无不重恩厚赏。他对不同的人、不同的情况采取不同的奖励措施，这是曹操运用激励得当的重要体现之一。

许多人对那些通宵达旦玩游戏者不可理解，但当自己去玩时却一样废寝忘食，原因何在？因为游戏程序是按照由简到繁、由易到难的原则编制的，操作者稍有努力就进，不努力就退的若得若失的情况，对操作者最有吸引力。游戏设计的难易程度正好把握住了玩游戏者的心理。

其实激励与玩游戏是一样的道理，激励标准适度就能使激励对象乐此不疲，反之，如果激励对象的行为太容易达到奖励的界限，那么，这套激励方法就会使激励对象失去兴趣，达不到激励的目的。

管理者在激励员工时除了要适当，还要适时，即要把握激励的时机，"雪中送炭"和"雨后送伞"的效果是不一样的。激励越及时，越有利于将人们的激情推向高潮，使其创造力连续有效地发挥出来。

激励适时其实就是要"及时"，古人提倡"赏不逾时""罚不迁列"，意思是奖赏不能错过最佳时机，惩罚不能等到员工几乎忘记了做错的事情才去执行。一个优秀的经理人在看到员工做了好事带来利益或是做了坏事产生恶果时，就会迅速、及时进行赏罚。

当事人的行为在适当的时候受到肯定后，有利于他继续重复所希望出现的行为。也让其他人看到领导是可信赖的，从而激起大家工作的热情，争相努力，以获得肯定性的奖赏。

激励的作用往往是瞬间的，表扬要及时。一旦发现你的员工表现出色，要立即予以表扬，不要等到年末总结时再做，不要"秋后算账"，要让员工在激励中鼓起干劲。优秀的经理通常都有一双善于发现的眼睛，他们往往可以在一周内就发现员工至少一项工作出色之处，并予以表扬。在这样经年累月的表扬下，员工的表现愈发出色，整个团队愈发能产生好业绩。

有位国外名将认为在战斗中表现突出的部队，应给予迅速表彰，奖励可以立即进行，向媒体宣布，随后再办理文书工作，不能因为各种报表的填写而造成时间上的延误，致使激励的效果减到最低。那种认为"有了成绩跑不了，年终算账晚不了"的想法和做法，只能使奖励本有的激励作用随着时机的延误而丧失，造成奖励变成走过场的结局。

海尔集团总裁张瑞敏曾经讲过一个开年终总结会的例子，他说："比如今天下午开会，那么中午的时候就一定要把奖金给大家发了，下午的会才会开得有效果。如果某个员工工作很出色，应该给其加薪或者予以奖励，结果拖了半年才真正兑现，虽然花了钱，也起不到应有的激励作用。"

总之，激励要及时适度。人们的一切行为都是为了追求某种有利或避免某种不利,由此在生理和心理上必然产生与之相适应的喜好和厌恶情绪。激励就是为了诱导人们向好的方面发展,从而促进个人及企业的发展,乃至推动整个社会的前进。尽管不同的人们对激励的方式各有不同要求,但有一点是相同的,就是及时和适度的激励。

激励如果不及时、不适度,不仅会失信于民,挫伤积极性,而且还可能造成混乱,产生怨恨,取得完全相反的效果。因此,管理者要正确实施及时适度的激励。

以利激励要恰到好处

子曰:"放于利而行多怨。"(《论语·里仁》)孔子的意思是说:做事以私利为依据,必招来许多怨恨。孔子的这句话言简意赅,质朴而深刻,发人深省,说出了人生行事的常理。虽然孔子并没有彻底地否定"利",但却道出了过分强调"利"的坏处。

虽然物质激励是现代管理的基本手段,但有一些企业在对员工进行激励时,过分相信"重赏之下必有勇夫"的定律,一味地利用物质刺激激发员工的工作热情,提高工作效率。但长此以往,员工不仅没有了高涨的激情,反而会埋怨企业不够人性化,把人当作机器使用。工程师张大佑是公司里的技术骨干,工资与公司的高管不分上下,公司还专门给他购置了一套房。按说,张大工程师应该努力工作来回报公司。可他却因年终奖少而愤愤不平,到处向同事说公司制度的不合理,不重视人才。工作时闹情绪,煽动其他人罢工。

老板无法忍受他这种无法满足的欲望,就把他辞掉了。可是老板对这件事也进行了反省,按说公司对他不薄,只要是他提出的要求,总是尽量满足。

老板想起4年前的一天,张大佑刚调来时,由于公司处于低谷,而张大佑是一个不可多得的技术人才,于是就给了他比别的技术人员多20%的工资。张大佑也确实努力了一阵,取得了技术上的突破。老板一高兴,又给他加了10%的工资。在又一次完成某项技术革新后,老板又承诺给他提成20%。

就这样,张大佑年终奖比别人高一倍,工资比其他技术人员高两倍。但让老板感到意外的是,张大佑的工作激情却在消退。由于经济危机的影响,公司经营困难,年终奖减半发放。但是考虑到技术人员的重要性,公司还是尽量给张大佑等人发了全额年终奖,只是数目与去年相比并没有增加。

因此,张大佑对公司心存不满,因而出现了一系列不良反应。想到此刻,老板才明白,原来自己太注重物质激励了,总是以为重赏之下必有勇夫,也就养成了员工唯利是图的心理,一旦赏金不能满足员工的心理期待,问题和矛盾就会接踵而来。这个案例中的张大佑就是一个强调自身利益的人,所有的付出都需要金钱做动力。事实上,张大佑这一心理习惯也是管理者一次又一次物质刺激而导致的结果。物质激励是管理的基本手段之一,但是一定要注意"度",只靠物质激励不能带来长期的激励效果。

过度的物质奖励是一种没有激励性的、拙劣的激励方式。如果职员得到了现金红利的奖励,他们可能会过分依赖金钱,想方设法通过降低工作质量来提高数量,表面看起来效率是提高了,可是质量问题却多了。还会使工作形成一个误区，不管管理者让做什么事，都要先讲好价钱，没有钱就不干活。

因此管理者在进行物质激励时一定要谨慎行事，不可因一时的兴奋就随口承诺，完全把金钱当作激励的工具。物质激励对于被激励的人能够起到作用；但对于那些没有关联的人往往会降低激励效用，会在团队中形成一切向钱看这种不良氛围，降低了团队的精神凝聚力。

尽管孔子说"君子取于义，小人取于利"，但不能否认"利"是我们赖以生存的基础，只有运用物质的手段使受激励者得到物质上的满足，才能进一步调动其积极性、主动性和创造性。物质激励的动机是使其努力工作，出发点是关心员工的切身利益。如果缺乏物质激励这种手段，激励就会成无本之木，成为空谈。丁硕是某软件公司的一名开发员，然而待遇却同仓管人员不相上下，一家三口还住在来时住的那间小平房里。对此，他心中时常有些不平。丁硕最难忘是来报到的那天，办公室门口用红纸写的"热烈欢迎丁硕加入公司"几个大字，那时丁硕颇感得意，工作很卖劲。

两年前，公司内部申报工程师，丁硕的名额却让给了一个工作平平的老同志。去年，他想反映一下工资的事情，但几次想开口，都没有勇气讲出来。因为领导总是在会上夸他。最近，厂里新建好了一批职工宿舍，丁硕想要反映一下住房问题，谁知这次领导又笑着拍拍他的肩膀："丁硕，厂里有意培养你入党，我当你的介绍人。"

他又没张开口，结果家没搬成。深夜，丁硕对着一张报纸的招聘栏出神。第二天一大早他就在领导的办公桌上留下一张纸条。

纸条上写着：您是一个很懂得精神激励的人，但我需要生活，需要养家糊口，需要对老婆孩子有个交代，我只好选择离开。显然，丁硕的上司是个叶公好龙式的伯乐，识才，也爱才，却不懂得惜才。准确地说，作为管理者，他忽视了员工的基本物质需求，口惠而实不至，挫伤了员工的积极性，逼得丁硕只能另谋高就。企业里常见的现象是，最令员工沮丧的是付出努力并取得出色的业绩后，不仅没有引起领导的重视，也没有得到期望的特别奖励，久而久之，业绩优秀的员工就会变得麻木或不以为然。

因此，管理者在激励时既不能没有物质激励这种手段，又不能将物质激励极端化。物质激励不到位及过度使用物质激励都是无效的激励。物质激励应与相应制度结合起来。制度是目标实现的保障，企业要充分重视薪酬制度的合理性，以充分发挥薪酬制度对员工的激励作用。工作是经济行为，员工是理性的经济人，根据员工的表现和公司财务情况，进行适合的物质奖励，是最为明智的管理方式。

无情管理的有效运用

无情，应该是管理者力争达到的一个境界，做好好先生是无法得到众人的信服的。别人是否信服你，完全取决于你的个人品质和能力。得到了信服，才能谈到管理。因此，你必须使自己变成愿意负责的"无情"管理者。蜀后主建兴六年，诸葛亮为实现统一大业，发动了一场北伐曹魏的战争。曹魏帝曹睿命令司马懿率领大军前来迎战，诸葛亮料定司马懿必然要先取战略要地街亭。

街亭是进出汉中的咽喉,为了保住这一战略要地,诸葛亮决定选将把守。

诸葛亮十分赏识马谡,经过再三考虑,决定派马谡前去把守,并委派两位最好的谋士辅佐他,确保他不出意外,能够速战速决。临行前,诸葛亮再三吩咐马谡:"街亭虽小,关系重大。如果失掉街亭,我军必败。"并具体指示让他"靠山近水安营扎寨,谨慎小心,不得有误"。

令人遗憾的是,年轻气盛的马谡到了街亭后,不按诸葛亮的指令依山傍水部署兵力,却骄傲轻敌,自作主张地想将大军部署在远离水源的街亭山上。

当时,马谡手下的一名副将提出:"街亭一无水源,二无粮道,若魏军围困街亭,切断水源,断绝粮道,蜀军则不战自溃。请主将遵令履法,依山傍水,巧布精兵。"马谡不但没有听副将的劝阻,反而盛气凌人地说:"我马谡一向通晓兵法,世人皆知,连丞相有时还得请教于我,而你区区一个副将,生长戎旅、手不能书,知道什么作战之策啊?"

接着又洋洋自得地说:"居高临下,势如破竹,置之死地而后生,这是兵家常识。我将大军部署在街亭山上,使之绝无反顾,这正是兵家制胜的秘诀所在。"于是不听副将劝阻,固执地屯兵于山上。副将见马谡屡次不听劝阻,只能干着急。

果不其然,魏将司马懿听到马谡把军队部署在街亭山上的消息后,立即从山下切断了马谡的粮水补给,将马谡的军队围困于山上。蜀军望见魏军严整雄壮的阵势,十分恐惧。马谡多次催军冲锋,都被杀回。蜀军因为无水缺食,人心大乱,有些士兵甚至打开寨门,下山降魏，马谡也禁止不住。司马懿又令人沿山放火，蜀军顿时乱作一团，马谡知道无法守住营寨，只得率领残兵杀下山去逃命。街亭失守，致使诸葛亮的全盘作战计划功亏一篑，不得已退回汉中。

马谡落魄回朝后，诸葛亮下令将其处死。朝中一位受人尊敬的老将军求诸葛亮免马谡一死："我们的国家被强大的敌人围困，杀掉一位有才能的战将是个耻辱，况且马谡将军曾为朝中立下汗马功劳，请您看在往日大家一同共事的情分上，饶了他这一次吧！"

听罢，诸葛亮百感交集，老泪纵横，不管怎么说，马谡也是个难得的人才，他以往的确干得非常出色。然而在激烈的战斗中，不论是谁犯了错误都要受到处分，纪律是一座不可逾越的山峰哪！况且今日免马谡一死，明日必将失去众人之心，那么统一天下的宏愿也就难以实现了。想到此，诸葛亮决心已定，他说："法令务必遵守，为了维护军中的纪律，我必须无情一些。"最终，诸葛亮一边流泪一边斩下了马谡的首级。在管理中，人们往往只顾及感情因素而使事情往更加不利的方向发展。试想，如果诸葛亮这一次不斩马谡，那么，下一次也许会出现更多类似的情况，到时候所失去的，就不仅仅是马谡一人和街亭一处，而是整个蜀地了。

诸葛亮在"挥泪斩马谡"中，就体现了一种独特的管理方式——无情管理。所谓无情管理，就是按规章制度严格管理，不讲情面。意思就是说，在制度面前人人平等，唯制度最大，唯制度最高，唯制度最铁。无情管理是一种具有冒险精神的管理方式，它既能够使组织的规章制度得到有效的维护，又能够使领导者获得大家的信服，从而万众一心，共谋组织的长远发展。

制度建设要与时俱进

孙子说:"故小敌之坚,大敌之擒也。"(《孙子兵法·谋攻第三》)在孙子眼里,弱小的一方若死拼固守,那就会成为强大敌人的俘虏。同样,企业在实施制度管理上,如果不能使制度与时俱进,也会像死守的弱兵一样,使制度成为推着公司走向衰败的魔咒。

许多成功的企业,都将自己的成功归因于拥有成熟的制度模式。所以,在市场竞争变化面前,企业的管理者们往往信心满满,从不怀疑和否定企业旧有制度继续存在的价值。然而由于墨守成规,企业昔日的辉煌慢慢蜕变成了生存道路上的障碍,成为可怕的组织惯性。有一个关于猩猩的试验:研究者把3只猩猩关进一个大笼子里,然后在笼子中间吊上一根香蕉。但是只要有猩猩伸手去拿香蕉,研究者就拿高压水枪去喷所有的猩猩,直到所有的猩猩都不敢再去够那根香蕉为止。

接下来,研究者用一只新猩猩替换出笼子中的一只猩猩。新来的猩猩并不知道笼中的"规矩",所以一来就动手去拿香蕉。它的这种行为是不符合笼中规则的,于是另外两只"老"猩猩就对新来者实施处罚,直到它屈从为止。这本是由高压水枪实施的惩罚任务,现在完全由两只老猩猩"亲自"执行了。

研究者用同样的方法,不断用新猩猩将经历过高压水枪惩戒的那两只老猩猩换出来,直到笼子中的猩猩都是后进入者,但是它们同样没有一个敢去动那串香蕉。研究表明,高压水枪威慑出来的"组织惯性"束缚着每一只进入笼子的猩猩,使它们将本是腹中美餐的香蕉束之高阁。这个案例形象地揭示了组织惯性的形成过程。在风云变幻的市场竞争环境中,企业要想赢得优势,就必须学会随着时代的发展变化而迅速调整方针制度，否则就只能像案例中的猩猩一样，在昨天的教训上故步自封，白白浪费掉明天的大好机会。优秀企业的衰退并非是它面对变化束手无策，而在于它所采取的行动能否顺应时代。

一个企业在确定了其经营管理模式后，企业成员总会在实践中摸索出它的程序，并逐渐习惯于运用这套程序解决各种问题。习惯成自然，在实践中，管理者与员工很少会再去思考这些方法是否依然合理、有效。

曾有一家大型公司计划招聘25名新员工，公司招聘制度明确规定，只有文化考试成绩在前25名的人才有资格被录取。有一候选人，人品和性格都很好，并且拥有丰富的关系资源，这些关系资源能给公司带来较多的发展新业务的机会。但是他的招聘考试成绩并不理想，排在第26名。面对这种情况，公司困惑了：是录取他，还是放弃他？公司领导层权衡再三，最后还是决定忍痛割爱。原因只有一个：公司的招聘规章制度不能违反，这是公司的"铁的纪律"！

然而，该公司的行为引起社会上很多人士的质疑。什么才算是公司"铁的纪律"？铁的纪律应该至少符合两个基本条件。首先是制度的时效性，就是说该制度必须符合企业与时俱进的发展要求，符合企业应对同业竞争和市场现状；其次是制度的前瞻性，公司的制度在时效性的基础上，更要能够引领企业走在其他企业前面，并符合时代潮流发展方向。如果公司制度不能引领企业加速发展，甚至落后于发展的潮流，那么这样的制度早就应束之高阁。

可以说，时效性、前瞻性是企业制度缺一不可的特质，是它生命的根基。为了使企业能真正拥有"铁的纪律",企业的领导者就必须对所有不具有时效性和前瞻性的规章制度及时、全面地梳理、修订,这样才能使企业朝先进、科学的方向发展。像这个公司招聘的情况,就应该是企业管理者的过失,招聘制度应该不断完善,以免使企业和真正优秀的人才擦肩而过。

第七章

管理团队,让内部"有竞争无斗争"

冲突是提升凝聚力的契机

团队里的人个性不同,价值观不同,习惯不同,所以团队成员之间冲突情况时有发生。如何解决团队内部的冲突,反映了管理者的领导能力。但是需要管理者明白的是,并非所有的冲突都是坏事,有时候就是需要不同的观点彼此激荡才能迸发出改进的火花。

如果有一天团队中的人们都可以自由表达自己的心声或喜恶,或者不把这视为一种"毒瘤"而是一种健康的表现时,那整个团队必会因为多元化而受益。

有了冲突不一定都是坏事,但却是一件令人忽略不得的事,它听之无声,看之无影,却以一种无形的力量影响着人们的一举一动，如果处理不妥，其后果是团队内成员流失，绩效下降。所以必须高度重视团队中的冲突。

德国心理学家博格曾做过一个实验，他带领12个10岁的男孩子一起外出游玩，并把他们分成两个相对独立的小组，各个小组内部通过互动活动，人际关系非常融洽。博格通过向他们分别传递另一方对他们不好的评价，使两个小组之间很不满。

当冲突明朗化后，博格又尝试了很多方法让他们和睦，如分别向每组说对方的好话，邀请两组的孩子一起吃饭、看电影，让两组的组长坐下来讲和，但均以失败而告终。他们要么是拒绝这些信息，要么故意对抗，关系十分紧张。他们甚至对博格邀请他们坐在一起不满。

后来，博格故意弄坏了乘坐的车子。这样一来，两个小组必须同心协力才能把车子推回去。因为他们年龄很小，力气不足，需要在很多时候进行协作。最终两个小组的孩子友好合作完成了任务。经过这件事情，两个小组之间彼此加深了了解，关系开始融洽。

这个实验为如何解决团队中不同小集体之间的冲突，提供了一个很有效的方法：那就是为他们设置一个共同的目标，促进他们之间加强合作，以此来增进了解，化解误会和纠葛。

另外，在面对团队成员之间的冲突时，管理者迫使冲突双方各自退让一步，以达成彼此可以接受的协议。采取此法，关键是把握好适度点。一是看冲突双方的"调子"的高低，分析双方的起初意图；二是视冲突的事实和抑制冲突的气氛对双方心理的影响程度，分别向他们提出降低"调子"的初步意见；三是在冲突双方或一方暂不接受调解意见的僵持阶段,可以采取欲擒故纵的临时措施,明松暗紧施加压力,促使其早转弯子。

冲突是提升团队凝聚力的契机。只有在时有冲突的团队里,成员才会因为彼此竞争而快速进步,从而推动团队高效成长。团队的凝聚力因冲突得到完美解决而不断加强。

从遏制扯皮开始

推诿扯皮是管理效率的天敌。企业组织管理的好坏,最为关键的指标就是企业组织的整体协调配合能力。整体协调能力的高低,与组织成员的水平和素质有关。在那些组织成员素质不高的企业里,时常出现的情况是:一旦出现了问题,每个人都开始推卸责任,从别人身上找原因,努力证明别人怎样做得不好,仿佛这些问题和错误与自己没有任何关系一样。

推诿扯皮是不敢承担责任的表现。无论是组织或者个人,如果具备了强烈的责任感,一定会目标明确、生气勃勃,面对任何艰难困苦的挑战绝不犹豫退缩。相反,如果失去了责任感,则会遇事推诿,消极懈怠,不敢决策,任凭组织滑行到错误的深渊。在今天,更多的人对沃尔玛感到熟悉,而对凯马特逐渐忘却。其实,直至20世纪90年代,凯马特一直是美国最大的零售商之一。凯马特的失败,就是团队成员在问题面前推诿扯皮的典型例证。

关于凯马特的失败,有一个故事广为流传。在某一年的年度总结会上,一位高级经理认为自己在工作中出现了一个失误,他向坐在他身边的上司请示如何改正和修补。这位上司不知道该作何回答,便向上级请示。

他对上级说:"我不知道该怎么办,我需要听从您的指示。"而这位上级怕承担责任,便又转过身来向他的上司请示。据传,这样一个小小的问题,一直推到公司总裁那里。

总裁后来回忆说:"真是不可思议,居然没有人愿意为这件小事情承担责任,而宁愿将问题一直推到我这里。"凯马特为什么会陨落,由此可见端倪。推诿扯皮是一种不良风气,是影响企业肌体健康的毒瘤。企业管理者需要致力于创造一种员工赖以工作的企业文化,使员工既能建立勇于承担风险的自信心,又能承受上级管理者制定的战略方案,让员工在团队中实现自己潜能的最大释放。

著名企业西安杨森,就十分重视部署之间的合作,企业在团队问题上十分注意培养员工的"雁阵意识"。任何一个销售区域、办事处、培训团或某一产品小组都是一个团队。公司在工作、活动、绩效考核和奖励方面,都很注意以团队为单位,目的是使员工学会在团队内求得个人的最佳发展。

总裁庄祥兴认为:"雁文化"的实质就是团队的合作精神;雁阵当中的每只雁展翅高飞时都获得了来自同伴的"向上之风";只有团队内成员齐心协力,互相帮助,才能实现团队的目标。一支优秀的团队能够包容不同的观点,拥有相同的价值观。如果企业中出现部署相互扯皮的现象,如何"化干戈为玉帛"呢?

遇事不推诿、不扯皮,主动寻求解决办法的人是企业最为欢迎的人,富有责任感的人最受敬重。不推诿、不扯皮的人必定富有合作精神,并乐于与别人分享成绩。提升管理效率需要从加强合作开始。

加强合作需要从管理扯皮开始。一个处处扯皮的团队是不可能富有合作精神的。为了避免部门间、员工间的扯皮现象对工作造成的影响，除了不断完善企业内部的组织结构、明确职责之外，更重要的是要培养员工的责任意识，强化组织成员的责任心，做到事有人管，减少踢皮球的现象，顺利、快速、有效地完成公司布置的工作。

提升凝聚力的七大关键

团队凝聚力是团队对员工以及员工之间的吸引力，通常它总是以意识形态存在，它所起的作用在团队建设中举足轻重。主要体现在以下四个方面：

凝聚力使员工产生归属感。出于对得到物质和精神满足的需求，人总是希望自己在社会中有一个确定的位置，这就是归属感。员工对团队的归属感，就是员工将自己在社会中的位置具体定位在所处的团队，认识到团队对自己的重要性，是自己各层次需求得以满足的保障，自己的命运与团队休戚相关。

凝聚力是员工良好合作的基础。合作意识是个人希望和他人在一起建立合作、友好关系的一种心理倾向。员工在工作中互相帮助，友好相处，密切配合。这是现代团队最显著的特点。在团队中，人与人之间的关系是平等的，为了实现共同的目标，要求人与人之间相互理解、相互信任，员工的合作就是基于这两点产生的自尊、互尊，相互承认个人价值，懂得团结与合作对团队的重要性，以及相互关心、互相帮助的意识。

凝聚力使员工对工作产生责任感。责任感就是员工意识到自己对团队建设需尽的职责，并乐于为团队的发展尽职尽责。它是一种自我约束与自我监督的宝贵意识，具体包括：做好本职工作；节约原材料、能源；勇于探索，勤于技术革新；爱护团队财产，遵守团队的一切规章制度。

凝聚力使员工对企业产生自豪感。自豪感就是员工以团队为荣，认为自己的团队有对社会的贡献、良好的声誉、美好的形象和可观的收入而产生的荣耀心理。这种积极的心理毫无疑问能激发工作的欲望，使人在工作中处于较佳的精神状态。

管理者要想提升团队凝聚力，必须做到以下七点：

1. 提升领导魅力

领导者是组织的核心。一个富有魅力和威望的领导者，自然会成为团队的核心与灵魂，全体成员会自觉不自觉地团结在其周围。反之，则会人心涣散。一个团队是否能取得高绩效，很大程度上取决于领导者自身的人格、知识、胆略、才干、经验，取决于自己能否严于律己，能否敬业、精业，能否与员工坦诚相待、荣辱与共等。

2. 科学管理团队

建立一整套科学的制度，使管理工作和员工的行为制度化、规范化、程序化，是生产经营活动协调、有序、高效运行的重要保证。一个团队，如果缺乏有效的制度来规范，就会出现盲目和混乱，无法创出高绩效。

3. 促进团队成员间的交流

良好的沟通和协调可使团队成员通过信息和思想上的交流达到共同的认知。有效的沟通和协调能及时消除领导者与团队成员以及团队成员彼此之间的分歧、误会和成见。会议、谈心和私下交流是领导者常用的几种形式。

4. 提供个人发展机会

如果一个团队无法让成员看到未来远景,是不可能得到人心的。马斯洛指出:"团队要有畅通的升选管理、公平公正的晋升制度,让成员了解到只要努力必定会有往上爬升的机会,这样才能有效激励团队成员,让他们定下心来在团队中努力工作。"

5. 重视对团队成员的培训教育

只要是人,其需求的层次就会不断提升。团队成员,尤其是能力较强、有潜力的团队成员,希望自己能够不断自我成长。要留他们就必须提供机会给他们,最直接的方式就是重用他们,给他们教育及训练。倘若企业为团队成员提供的学习机会太少,甚至根本没有培训,团队成员很快就会失去工作的乐趣,凝聚力开始下降。因此,管理者要尽可能地为他们创造学习和培训的机会。

6. 尊重每一位团队成员

尊重的需要是人的较高层次的需要,在团队管理中,命令式的管理方式已经行不通了。人人都需要受到别人的尊重,所以,管理者要时时关心并尊重团队成员,重视他们的意见,采取"人性管理"的方式来管理团队。

许多团队的管理者都有一个通病,就是对成员不够关心。如果平时不关怀、尊重团队成员，处处以命令的方式叫他们做事，则团队成员肯定会心有不甘，产生抵触情绪，甚至离开团队。反之，如果能够改变管理的方式，重视团队的成员，平时多关心他们，重视他们的表现，听听他们的心声，采纳他们好的意见，他们就会自动、自发地参与团队的各项工作，积极配合其他人来完成任务。

7. 表彰业绩突出的成员

在美国迪尔伯恩市，每年都会举行多米诺比萨饼公司奥林匹克大赛，比赛的内容是如何为顾客提供更好的服务。每次奥林匹克大赛都会对获得成功的员工大张旗鼓地进行表扬，管理人员潜心评判和定期奖励表现突出、令顾客满意的行为，它所取得的效果可能比公司每月发放的奖金更令人难忘。这种比赛产生了效果显著的激励作用，每个员工都勤于工作，争做业绩最突出的员工。受益于此，多米诺比萨饼公司每年总增长率高达75%。表彰业绩突出的成员，已经成为了多米诺比萨饼公司高速发展的秘诀。

不可缺少的内部流动

人员在企业内部流动又称为内部劳动市场。它的特征是：在大中型企业流动比较频繁；从外部进入企业的入口很有限；通过职业生涯阶梯系统地向上运动；薪酬随着职位而上升，要求员工具有更多的技能；在晋升和裁减时以年功或绩效为标准；通过内部晋升来填补空缺。这些特征最终都限制了人员从外部劳动力市场流入企业，而促进人员在内部沿着事先假定的晋升路线流动。

员工的内部流动不仅可以增强就业的安全性，提高员工的工作热情，也刺激企业进行更多的特殊有用技能的培训，增加员工学习的机会。

内部流动对企业的发展而言极其重要。员工的内部流动是企业调整组织结构的需要。在当今激烈竞争的环境中，企业需要经常进行组织机构的调整，常常根据发展战略的需要设立一些新的部门，如电子商务的兴起使企业需要建立专门的网络营销部，或者是取消一些已经没有市场的老部门。当组织结构发生变动的时候，就有必要对员工进行调动。

员工的内部流动是晋升渠道保持通畅的需要。传统的企业等级结构是金字塔式的，企业的高级职位总是比低级职位少，所以有一些员工的进一步晋升会有障碍。有的时候，这一晋升通道是被工作效率虽然很高，但是又不可能被提升的员工堵塞的。这样的员工在一定的位置上将阻碍其他有价值的员工的晋升。如果不及时对通道进行清理，解决这种状况，有价值的员工就可能因此而失去工作动力，转向别的企业发展。为了保持晋升通道的畅通，使得那些优秀的员工能够得到提拔，企业就要决定对那些不具备晋升潜质，而对企业又仍然有价值的员工进行调动。

员工的内部流动是处理劳动关系冲突的需要，在员工关系中，一些员工与管理者之间、员工与员工之间都存在由于各种原因（如个性、年龄、种族）而不能和睦相处的情形，同时处于冲突中的双方对企业而言又都是不可或缺的，在这种情况下，调离冲突的一方或双方，使他们被隔离开来就可以有效地解决冲突。

员工的内部流动是获得不同经验的重要途径。在当今，激烈的市场竞争也体现在对高报酬、高挑战性职位的竞争上。由于企业不断"减肥",企业结构扁平化,管理层需要的人员越来越少,因此在这些职位上的竞争就更加激烈。许多员工开始谋求在企业和组织中获得更多横向调动的机会,从而学习更多的技能,为将来的晋升打下基础。内部流动需要遵循以下原则:

(1)合乎法规。国家的法律是企业和一切公民的行为准则,也是人力资源调整必须遵循的规范。企业员工的内部流动,必然依据法律规定的原则、程序和条件进行。例如招聘录用员工和辞退员工,必须符合国家劳动法的有关规定,不能违反国家的法规行事。

(2)有利于企业经营活动。企业的一切工作都是为生产经营服务的,员工的内部流动也不例外。在一般条件下,有利于生产经营应该是人员流动的基本原则,安排一些对企业的生产经营来说并非是最佳人选的人时,要考虑把他们安排到最有利于企业生产经营的位置上去。

(3)能力和职位相符。由于每个员工的优点、缺点不同,学识和才能不同,同时每一个工作岗位对任职者的能力要求也有差别,因此在进行员工调整时,必须遵循人事匹配的原则,考虑每个人的具体情况,尽量扬长避短,将每一个人放到最适宜发挥他的才智和潜能的岗位上去。

(4)内外并重。人力资源的调整,既要着眼于企业内部,充分搞活企业的人才存量,坚持不拘一格用人才;同时,也要着眼于企业的外部,善于借助国内外的人才市场和人力资源为企业服务,发展自己。要学会在竞争中吸引人才,在流动中优化队伍,在人才资源共享上多下功夫,通过内外结合,建立一支高素质的员工队伍。

莫让晋升引发恶性竞争

微软公司在市场竞争中一直处于领先地位，公司管理者以高额的物质福利与高度的内在成就动机的满足感来激励员工，表现优异的员工会得到破格晋升。为得到高职高薪，微软内部晋升的竞争非常激烈，公司扩张得异常迅速，每隔几个月就得重新组合一次。

这意味着在微软获得晋升的可能性随时都有，经常有职位空缺，最适合的人立即被提升，这样便使得人们的更高职位之争永无休止。所有这些变化的结果就是微软始终存在晋升机会，但机会只给予最适合它的人。

在微软工作做得好就能获得最直接的报答。如果某人要获得一个职位，他或她就需要创造出比同部门其他人更出色的业绩。然而，随着管理台阶的一步步提高，竞争也就变得越来越残酷。

因为晋升主要基于业绩，这一选择机制使人们全神贯注于做好工作，这样既增加了晋升可能性，又保护了他们现有的工作岗位。员工在公司中层次越高，就越能够创造出高的劳动生产率。对于极有竞争力的管理者，这样的环境比平静的、生产率较低的环境更有价值。

微软的管理者对外部市场的争夺也非常起劲，因为这一样关系到内部晋升。在公司内外他们都追求每时每刻100%的占有。这一点就是注重论资排辈的老式企业的管理者们永远也无法获胜的原因。在这种竞争的环境里，老式管理的企业无法让每个员工都有如此强烈的竞争欲望。

为了能像微软公司一样在市场上立于不败之地，越来越多的企业开始模仿他们的管理和用人方法，当然也包括用晋升来调动员工的工作激情。但很多企业的管理者往往忽略了这样一个问题，即管理不当的晋升也容易造成员工之间的恶性竞争。

竞争有良性和恶性之分。良性竞争会给企业带来不尽的生命力和极好的效益，所有的员工都积极向上，对未来充满信心，员工之间友善和睦，像大家庭一般。而晋升造成的恶性竞争带来的结果正好相反，员工彼此嫉恨、猜疑，为晋升不择手段，这不仅对个人成长不利，更使企业的整体利益蒙受可怕的损失。管理者的职责就是要遏制恶性竞争，引导他们之间进行良性竞争，形成良性的晋升激励机制。

在良性的竞争机制下，羡慕别人长处的员工，会鞭策自己，努力工作、刻苦学习，争取赶超对方。这种人会把羡慕渴求的心理转化为学习、工作的动力，通过与同事的竞争来缩短彼此间能力的差距。这种良性竞争对人员的充分利用、员工能力的充分发挥有着很大的好处，它能促使部门内的员工都积极思索如何提高自己的能力，掌握更多的技能，从而取得更大的成就。

但并不是所有的人都能这样做。有些人由羡慕转为嫉妒，甚至是嫉恨。这种人不但自己不思进取，相反还会想出各种花招打击比他们强的人，通过使绊、诬蔑等手段来拉优秀者的后腿，以此来掩饰自己的无能。这种恶性竞争只会影响先进者的积极性，致使员工之间戒备心变强，从而提高警惕，以免为暗箭所伤。

如果整个部门长时间摆脱不了这样的气氛，那么员工的大部分时间与精力都会消耗在处理人际关系上，哪里还有机会谈什么绩效管理呢？作为管理者，一定要留心部门的气氛，积极引导良性竞争，采取措施防止恶性竞争的出现。

第八章

留人裁人，妥善处理

剔除团队中的害群之马

如果把一汤匙酒倒进一桶污水中，你得到的是一桶污水；如果把一汤匙污水倒进一桶酒中，你得到的还是一桶污水。如果一个高效的部门里，混进一匹害群之马，会全盘破坏组织的健全功能，这就是有名的酒与污水定律。

管理者不要忽视一两个害群之马的破坏力，他们会使一个高效的部门迅速变成一盘散沙。我们总说：破坏总比建设容易。一个能工巧匠花费时日精心制作的瓷器，一秒钟就会被破坏掉。如果一个团队中有一匹害群之马，即使拥有再多的能工巧匠，也不会有多少像样的工作成果。作为管理者，遇到这样的情况，若想保持团队的高效，你只有一个选择，按下"Delete"，迅速将其清除掉。美国第一CEO杰克·韦尔奇对待害群之马类的员工非常干脆。

每年，每一家GE公司的高管都被要求将他们团队的人员分类排序，其基本构想就是强迫公司的领导对他们领导的团队进行区分。

他们必须区分出在他们的组织中，哪些人属于最好的20%，哪些人属于中间大头的70%，哪些人属于最差的10%。

如果他们的管理团队有20个人，那么公司就要求知道，20%最好的4个和10%最差的两个都是谁——包括姓名、职位和薪金待遇。表现最差的员工通常都必须走人。

韦尔奇把员工分为A、B、C三类，C类是"烂苹果员工"，即害群之马。

A类是指这样一些人：他们激情满怀、思想开阔、富有远见。他们不仅自身充满活力，而且有能力帮助带动自己周围的人。他们能提高企业的生产效率，同时还使企业经营充满情趣。

B类员工是公司的主体，也是业务经营成败的关键。我们投入了大量的精力来提高B类员工的水平。我们希望他们每天都能思考一下为什么他们没有成为A类员工。经理的工作就是帮助他们进入A类。

C类员工是指那些不能胜任自己工作的人。他们更多的是打击别人，而不是激励；是使目标落空，而不是使目标实现。管理者不能在他们身上浪费时间，那对团队没有任何好处。

韦尔奇规定，区分出三类员工后，按照等级进行奖惩，A类员工得到的奖励应当是B类的2~3倍，公司还会给予A类员工大量的股票期权。对B类员工，每年也要确认他们的贡献，并提高工资，大约60%~70%的B类员工也会得到股票期权。至于C类，不但什么奖励也得不到，还要承担被淘汰的后果。

很多管理者会认为，剔除落后的10%的员工是残酷或者野蛮的行径。这是一种曲解，事实恰恰相反。容忍平庸的员工对于优秀的团队是一种伤害，而对于其本身也并没有什么好处，因为让一个人待在一个他不能成长和进步的环境里是真正的"假慈悲"，对任何一方都没有好处。找出你团队中的害群之马，毫不犹豫地清除掉，你会发现团队面貌会发生积极可喜的变化，当然，还有业绩的大幅提升。

高薪留人与诚意放人

思科公司是全球领先的互联网解决方案供应商，它在人事管理上面实行的政策就是：人皆有股。因为思科公司每年有60%的增长速度，所以对人才有迫切需求。为了留住原有人才，同时吸引优秀人才来思科，踏踏实实地为思科做研究开发，思科总裁钱伯斯采用了"人皆有股"的办法。思科不像硅谷其他公司那样，只把公司期权的全部或大部分分配给高级管理层，钱伯斯实行的是真正意义上的"人皆有股"，只要是思科公司的员工，每人都有股份。

思科的薪水结构由工资、奖金、股票三部分构成，而思科的薪水和企业一起成长。思科一年会做一至两次薪水调整，不断更新。薪水的涨幅跟每个人的能力直接挂钩，业绩好会多涨，业绩平平涨得少。在硅谷流行着这种说法：年仅30岁的思科年轻技术人员随随便便就可以丢下 100 万美元，买下一幢人人称羡的豪宅。但是在思科，员工们对工资多少并不是很在意，他们更关心通过自己的努力工作，可以拥有多少股票。因为，这几年员工手中的思科股票，每年股值最少要翻一倍。

"人皆有股"的股权制度，成为了思科拴住人才的无形绳索。员工们明白，只要留在思科努力工作，自己也能有很大的"钱"途。以钱伯斯为首的思科人才队伍也从"人皆有股"的制度中，依靠公司分配的期权股票大幅度地增加了收入。比如在 1999 年度，思科支付给钱伯斯的薪金加上各种奖金及补贴仅 100 万美元，但分配给他的期权股票却使他当年的额外收入达到 1 亿多美元的巨大数额。俗话说的好，没有梧桐树，引不来金凤凰。从这个例子上我们可以看出，高薪是留住人才的一个重要杠杆。

当然，对于人才而言，工资、福利、待遇固然重要，但不是唯一的因素，他们更重视的是自我价值的提升和实现。美国西雅图的华盛顿大学准备修建一座体育馆，消息传出以后立即引起了教授们的反对。原来，校方选择的地址是华盛顿湖畔，体育馆建成后正好挡住了从教职工餐厅玻璃幕墙可以看到的美丽湖光。校方最终尊重了教授们的意见，取消了修建体育馆的计划。原来，和美国其他大学相比，华盛顿大学教授的工资并不高，之所以它能吸引那么多的人才，完全是因为教授们留恋西雅图的湖光山色。为了美丽的景色而放弃更高的待遇，这的确是很有意思的事情。与留人相对应的一件事情，就是如何面对决意要离开的员工。普通员工的离开，对公司的运营不能构成重大影响，许多管理者并不会给予重视，而一旦核心员工离开就会暴跳如雷。显然这种管理者不是一个成熟的管理者。成熟的做法是：如果他决定离开，就应该尊重对方的选择和意愿，不仅不能有意设置障碍加以阻拦，还要在情感上欢送他，让他对公司的好感始终氤氲在心。

有效控制人才流失

近年来，世界各国的大企业都在完善企业自身的聘用机制，以求吸引更多才华横溢、雄心勃勃的人才。但即便如此，仍有许多人才悄然而去。许多企业发现吸引人才越来越难，因为人才的流动已成为当今时代的一大潮流，进入企业的人流数量似乎永远也比不上流出企业的人流数量。

许多企业一边不断地翻新招聘花样来引起求职者注意，一边却听任人才大量流失。持续不断地大量招聘人才，常使企业疲于奔命，甚至出现企业效益的下滑。管理者们估计，考虑所有因素，包括因为人才离开企业而失去的关系，新员工在接受培训期间的低效率等，替换新员工的成本甚至高达辞职者工资的150%。而且，替换新员工的成本还不仅限于此，知识也是一种资产，知识型人才的流失对企业造成的影响可能无法预计。企业用"留住人才"一词表明它们越来越重视有才干的人员。那么企业将如何奖励和评价优秀员工？该怎样调整企业文化，以留住真正的人才？

人才如果对工作失去了兴趣，单靠金钱是留不住的，只有增加员工对工作的满意度、对集体的归属感和提供个人发展的机会才能令他们安心地干下去。因此，现在有很多企业都已制定了相应的留住人才的战略，努力提高他们对工作的积极性。

1. 提供更好的待遇

这一点微软做得非常成功。对微软公司而言，不论你的经验与资历如何，只要有足够的能力，你就有机会升职加薪。因此，微软公司能网罗到全世界的精英。微软公司的理念就是：网罗天下精英，共创大业。在微软公司工作的压力虽然很大，但是其福利优厚，能使许多员工成为百万富翁，这也是留住人才的方法之一。在相同的条件下，微软公司通过内在激励机制，提供更好的待遇与工作环境，吸引了大批优秀的人才。

2. 让人才扮演主角

美国有一家顾问公司，其业务主要是信息咨询和规划设计等。因为公司效益不错，3位创立人决定用高薪来引进人才，以扩大公司规模，因为高薪和该公司令人喜悦的发展速度，吸引了很多人才，其中有两位高级咨询顾问都希望在该公司一展身手。

可是，3位创立人对高级咨询顾问并没有做出太多的安排，他们把全部精力放在营销工作上，去追求新合同。刚刚进入公司的高级咨询顾问明显地感觉到被冷落了。

这种情况持续了好几个月，公司的动力开始减缓，人们开始对工作不抱什么热情了。接着有一些人才开始离去，常常也带走了一些客户。接着这种情况逐渐多起来了。该公司3位创立人有一天清晨醒来，忽然发现他们那一个美丽的梦破灭了，他们没有中标，当他们回过头来注意公司的时候，发现公司也只剩下了一个空壳，最大的客户也跟着咨询顾问走了。人既是感性的又是理性的。员工既希望能够受到关怀，又希望发挥自己的能力为企业创造点什么，如果这些愿望得不到满足，那么员工便会感觉到失望。

或许企业能够发给很高的薪水，但在有些时候，高薪也留不住人，给他们一个可以尽情施展才华的舞台才是明智的解决办法。

出色的员工总会在工作过程中产生很多的看法和观点，其中有很大一部分都是对企业有益的建议。因此，作为管理者，要多和企业中的人才交流，了解他们的想法，然后对管理方法做出相应的调整。

3. 提拔要统筹考虑

当管理者发现一个非常出色的人才时，一定要对如何提拔他的问题进行统筹考虑，因为如果这个问题处理不好，不仅会失去这个人才，还会招致其他人的不满，给企业机构带来破坏。

4. 让不同层次的人才都得到学习的机会

不同层次的人才在职责和特长上存在很大差异，有的人适合做管理者，有的人是专业人员，但他们都需要不断地学习，掌握更多的技能，以满足他们的进取心，同时也会为企业创造更好的效益。因此，为不同的人才开设不同的培训项目也是留住人才的一条途径，学在这里、用在这里，配以合理的薪酬和职位，人才当然舍不得离开。

其实，安定人心，让员工爱上自己的企业并不是件困难的事，只要管理者能够采用一些措施，在工作中和生活上营造出公正平等与和谐的环境，使员工能够有一种自我价值得以实现的成就感，人才便会忠实于企业，勤奋地工作，回报企业。

要设法让他感到被重视

1878年,发明家爱迪生建立了爱迪生电气照明公司。为适应竞争的需要,1892年4月,爱迪生电气公司与美国的另一家主要的电力工业公司——汤姆森·休斯敦公司合并,正式命名为通用电气公司(GE公司)。

杰克·韦尔奇曾在通用电气塑胶部门工作。他在研制出PPO材料时,成为众多化工公司关注的焦点。

1961年,杰克·韦尔奇已经以工程师的身份在GE公司工作了一年,年薪是10500美元。看他表现还不错,他的第一位老板给他涨了1000美元。韦尔奇自我感觉也挺好。不久,韦尔奇发现他们办公室中的4个人薪水是完全一样的。

原来当时的通用电气存在着严重的薪酬管理问题,官僚主义也十分严重。无论员工表现好与坏,在工作的第一年终结时,每一个人都会获得同等的加薪——通用电气只给这位生性要强的塑胶明星加了1000美元的薪水——与其他员工一般无二,总年薪也仅有11500美元。他感到非常恼火。他认为应该得到比"标准"加薪更多的东西。这次早已预先确定好的标准工资浮动使韦尔奇看到了这个GE公司并不像传说的那样好。

韦尔奇有些愤怒,他去和老板谈了谈,但是没有任何结果。他萌生了换工作的想法。令人沮丧的原因还有一个:当初GE公司招聘他的时候,给他的感觉是到处铺满了红色的地毯,有无限希望,并认为自己能够极快地得到晋升。

但现在,韦尔奇的眼前并没有红地毯,他看不到希望。失落的他开始详细查看《化学周刊》杂志和《华尔街日报》上的招聘信息栏目,希望能够早日离开这里。

韦尔奇毅然向通用电气塑胶部门主管提出了辞职。他抱怨说:"我无法忍受公司对人才的偏见,我付出了努力,我希望得到等额的回报。我想,我会对得起我的薪水的!但是现在我的薪水远远低于我的价值!"

当时位于芝加哥的国际矿物化学公司向这位名声在外的优秀工程师提供了两倍的年薪,即25000美元,希望他加入国际矿物化学公司做一名化学工程师。

韦尔奇接受了这个职位,随时准备跳槽。

这可急坏了韦尔奇的直接上司——当时年轻的经理鲁本·古托夫。韦尔奇这个自命不凡的青年给他留下了深刻的印象。他对这位年轻的化工博士早有耳闻,尤其是韦尔奇研制出PPO材料以后,塑胶部门的业绩直线上升,这样的人才应该留在通用电气并委以重任,要不然对通用电气必然是一大损失,同时也增加了竞争对手的锐气。

当古托夫得知还有两天就要为韦尔奇举行欢送会时,感到非常震惊。

"不行,我得想方设法把他留住。"古托夫当晚就邀请韦尔奇夫妇共进晚餐,苦口婆心地劝说韦尔奇一定得留下。

"相信我,"古托夫恳求道,"只要我在公司,你就可以试着利用大公司的优势来工作,至于那些糟透了的东西你别去理会就是了。"

"那么,你就得经受考验了。"韦尔奇回答道。

"我乐意经受考验,"古托夫回答说,"重要的是把你留下。"

4个小时的晚宴没有说服一颗要走的心。

古托夫并不甘心。在回康涅狄格州西港家的途中,他停在高速公路边,用投币电话继续对韦尔奇游说。

这个时候已经是午夜1点了。

他对韦尔奇说:"我给你涨一点工资,在科普兰给你涨1000美元的基础上,再涨2000美元……我知道,钱不是主要原因。"

几个小时后,韦尔奇出席了为他举行的欢送会。但他果断地决定留下来,不走了。

在欢送会上,古托夫说:"这是我人生中的一次较佳的推销工作。"

古托夫使用更高的薪水和更高的职位诱使韦尔奇重新回到通用电气公司来上班。

这个来公司不到一年就想跳槽的青年在此后40年内一心一意在通用电气公司工作,并且在1981年成为了该公司的总裁。进取心强的员工是公司极富有价值的、积极的资产。他们往往有很强的自我表现欲,当公司无法满足他们实现自我价值的要求时,他们就会感到自己被冷落,因而可能会另寻更能发挥他们才华的环境。

要想留住人才,就要想方设法让人才感到自己被重视、被支持,企业还要尽力为有才能的人创造一展才华的平台和环境。留人,最重要的是要留心。

将员工看作是合作伙伴

　　微软是世界 500 强企业之一，它不仅出了一个世界首富比尔·盖茨，还出了好几千个百万富翁。采访过该公司的记者都不约而同地提到了它的"星形"办公楼，称赞其自由平等的创造气氛。所谓"星形"楼，就是平面结构形似星星。而传统的办公楼都是长方形盒式结构。

　　公司里的每一位员工包括刚刚进公司的大学生都有一间约 11 平方米的办公室，里面的设施完全相同，比尔·盖茨本人也不例外。为了确保每一个办公室都拥有一个朝外的窗户，才有意把办公楼设计成"星形"布局。

　　为什么要如此煞费苦心？这是比尔·盖茨的主意。他在创办这家公司时，就认定办公室与人的等级无关，只和智慧有关。软件开发人员的智慧只有在一个独立的、富有个性的环境中才有可能最大限度地发挥。而一个更大、更舒适的办公室并不能使一个高级经理更加聪明，反而会助长其高人一等的念头，进而变得更加愚蠢。

　　这不能不令人想到咱们国家的一些企业。车间挤得密不透风，噪音和废气严重损害员工的身心，而办公楼却建得气派、漂亮。有的小单位，总经理和副总经理们的办公室要占掉一层楼，每人占用几十平方米，而偌大的办公室，只放一张老板桌和几张沙发，有的办公室还搞里外相连的暗间，布置得比宾馆还舒适。这些经理们，却没有多少时间坐在里面办公。而最需要安静的其他管理人员，却被迫挤在狭小的写字间里办公，电话、传真和打字机的响声此起彼伏，没法集中精力，更别想做什么开拓性的思考了。

两相比较，我们不仅看出了工作条件的差异，更看出了企业文化的差异。以人为本，不能只在口头上说说，要落到实处。其实不只是微软如此，国外很多有成效的企业都注重对员工平等意识的培育。在摩托罗拉公司，经理们的每一间办公室都随时向员工敞开大门。到了用餐时间，最高层的管理人员要和员工一道排队吃免费的福利餐，谁也没有特权插队，更不存在专为高层人物设立的雅座。在惠普公司，过去也有不同级别的办公楼，经理杰才·帕卡德上任后，很快打破这种等级差别，把所有的办公室都改建成规格统一的开放式空间，管理者和员工可以随时随地进行平等的交流和沟通。

以前，企业可以高高在上的雇用员工。但是知识经济时代来临，能不能吸引留用最好的人才，变成决定企业生死的关键。企业与员工间上对下的主从关系已成为过去，平等、合作的伙伴时代已经来临。

美国《时代》杂志的总编赫德利·多诺万花了近30年的时间去研究如何管理知识型人才。最后，他总结出对知识型人才管理的经验是：

（1）领导者不摆架子，知识型人才可能比领导者更有见解，领导者应当与其平等地交流意见。

（2）领导者应当与员工平等地共同讨论公司的发展计划。

（3）讨论与命令并重。当意见不能统一时，命令同样是必要的。

（4）领导者应当敢于批评，但必须理智和客观。

（5）制度的公正合理更重要。

这些经验，实际上就是强调对员工的尊重和理解。

图书在版编目（CIP）数据

识人 用人 管人 / 邢一麟编著. — 北京：中国华侨出版社，2018.3
ISBN 978-7-5113-7530-8

Ⅰ.①识… Ⅱ.①邢… Ⅲ.①人才管理学—通俗读物 Ⅳ.①C962-49

中国版本图书馆CIP数据核字(2018)第031331号

识人 用人 管人

编　　著：邢一麟
责任编辑：子　慕
封面设计：施凌云
文字编辑：李　波
美术编辑：杜雨翠
经　　销：新华书店
开　　本：880mm×1230mm　1/32　印张：8.5　字数：172千字
印　　刷：北京德富泰印务有限公司
版　　次：2018年5月第1版　2018年5月第1次印刷
书　　号：ISBN 978-7-5113-7530-8
定　　价：32.00元

中国华侨出版社　北京市朝阳区静安里26号通成达大厦3层　邮编：100028
法律顾问：陈鹰律师事务所
发 行 部：（010）88893001　　传　　真：（010）62707370
网　　址：www.oveaschin.com　　E-mail：oveaschin@sina.com

如果发现印装质量问题，影响阅读，请与印刷厂联系调换。